„Ihr seid das Licht der Welt“

„Ihr seid das Licht der Welt“

Der Öffentlichkeitsanspruch des Evangeliums

Festschrift zur Verabschiedung von Jochen Bohl
als Landesbischof der Evangelisch-Lutherischen
Landeskirche Sachsens am 29. August 2015

Herausgegeben von der Evangelisch-Lutherischen
Landeskirche Sachsens

EVANGELISCHE VERLAGSANSTALT
Leipzig

Bibliographische Information der Deutschen Nationalbibliothek
Die Deutsche Nationalbibliothek verzeichnet diese Publikation in der Deutschen Nationalbibliographie; detaillierte bibliographische Daten sind im Internet über http://dnb.dnb.de abrufbar.

Printed in Germany · H 7887

Das Buch wurde auf alterungsbeständigem Papier gedruckt.

Titelzitat: Matthäus 5,14

Gesamtgestaltung: Makena Plangrafik, Leipzig
Druck und Binden: Druckhaus Köthen GmbH & Co. KG

ISBN 978-3-374-04122-0
www.eva-leipzig.de

Vorwort

„Der Öffentlichkeitsanspruch des Evangeliums" – so lautet der Untertitel der Festschrift, die wir heute feierlich unserem Landesbischof Jochen Bohl anlässlich seiner Verabschiedung zum Geschenk machen.

Das Evangelium in die Öffentlichkeit zu tragen und eben nicht nur innerkirchlich zu bleiben, ist Jochen Bohl über alle Jahre seines Wirkens hinweg ein wichtiges Anliegen gewesen. Auf den folgenden Seiten werden Wegbegleiter, Kollegen, ihm Verbundene und Vertreter aus Politik und Kirche ihre oft sehr persönlichen Beiträge im Sinne des Festschrifttitels für die Öffentlichkeit zugänglich machen.

Präsident Dr. Kimme

Bereits während seiner Zeit als Direktor des Diakonischen Werkes der Evangelisch-Lutherischen Landeskirche Sachsens von 1995 an bis zum Antritt des Bischofsamts im Jahr 2004 war es Jochen Bohl ein Bedürfnis, den diakonischen Auftrag der Kirche und die damit verbundenen aktuellen Themen öffentlich zu machen. Er verstand es, die Diakonie als Anwältin für die Menschen und als soziale Dienstleisterin in den Fokus der Wahrnehmung zu bringen. Auch als Landesbischof ist Jochen Bohl wichtig und zentral gewesen, die frohe Botschaft in die Mitte der Gesellschaft hineinzutragen. Der geistige und geistliche Austausch mit Gemeindegliedern und Pfarrerkollegen, der Kontakt zu Medienvertretern und politisch Verantwortlichen waren und sind ihm eine Herzensangelegenheit.

Präsident Guse

Aus persönlicher Überzeugung und vor dem Hintergrund eines säkularen Umfelds pflegte und vertiefte er das vertrauensvolle ökumenische Miteinander mit den katholischen Glaubensgeschwistern. Auch über Sachsen hinaus hat Jochen Bohl als stellvertretender Ratsvorsitzender der EKD Verantwortung für die evangelischen Kirchen in Deutschland übernommen.

Wir danken unserem Landesbischof Jochen Bohl an dieser Stelle herzlich und ausdrücklich für sein großes Engagement, für seine Zeit und Kraft im Dienst der Evangelisch-Lutherischen Landeskirche Sachsens in der Nachfolge Jesu Christi. Auch persönlich möchten wir uns für eine gute und konstruktive Zusammenarbeit bedanken und wünschen Gottes reichen Segen.

Dr. Johannes Kimme

Präsident des Landeskirchenamtes

Otto Guse

Präsident der 27. Landessynode

Inhalt

Grußwort
des Ministerpräsidenten des Freistaates Sachsen Stanislaw Tillich

Stanislaw Tillich

Der Öffentlichkeitsanspruch des Evangeliums verbindet sich für mich mit vier Bildern. Das erste Bild ist jenes der sorbischen Osterreiter, die am Ostersonntag singend von Dorf zu Dorf reiten, um die frohe Botschaft der Auferstehung des Herrn zu überbringen. Das zweite Bild ist das der Posaunenchöre aus der Ephorie Bautzen, die sich am Abend vor Ostern auf dem Bautzener Proitzschenberg versammeln, Osterchoräle und Volkslieder spielen und die Auferstehung verkünden. Dies sind Bilder öffentlich gelebter Frömmigkeit, öffentlich verkündeten Glaubens aus meiner Oberlausitzer Heimat.

Der Öffentlichkeitsauftrag des Evangeliums hat aber noch einen anderen Aspekt, der sich für mich mit den folgenden zwei Bildern verbindet. Das eine Bild ist jenes der brechend vollen Kirchen in Sachsen, die im Oktober 1989 ihre Pforten für öffentliche Versammlungen öffneten. Sie waren notwendig geworden, damit beispielsweise die Dresdner darüber informiert werden konnten, was die „Gruppe der 20" in ihren Verhandlungen mit SED-Oberbürgermeister Berghofer besprochen hatte. Zugleich wurde dort über die Forderungen und Themen für die nächsten Gespräche diskutiert und abgestimmt. Dieser Aufbruch in die Demokratie hatte Folgen: Die SED-Diktatur brach zusammen, der Freistaat Sachsen wurde gegründet und ein Sächsischer Landtag demokratisch gewählt. Damit bin ich beim vierten Bild: beim Festsaal der wiederaufgebauten Dresdner Dreikönigskirche, wo bis 1993 die Abgeordneten des Sächsischen Landtags zu ihren Plenarsitzungen zusammenkamen. Sie blickten auf das Wandbild „Versöhnung“ mit dem gekreuzigten Christus im Zentrum. Dies sind Bilder einer Kirche, welche nicht nur ihren Glauben öffentlich bekennt, sondern aus dem Evangelium heraus auch eine Position zu gesellschaftlichen Anliegen entwickelt und der Diskussion darüber Raum gibt. Auch dies gehört zum Öffentlichkeitsanspruch des Evangeliums.

Jochen Bohl hat in seinen 20 Jahren in Sachsen beide Aspekte erlebt, in denen sich der Öffentlichkeitsanspruch des Evangeliums ausdrückt. Den öffentlich bekannten und gelebten Glauben zum Beispiel beim 1. Deutschen Evangelischen Posaunentag 2008 in Leipzig, beim Deutschen Evangelischen Kirchentag 2011 in Dresden und auch an jedem 23. Dezember, wenn sich auf dem Dresdner Neumarkt vor der Frauenkirche eine vieltausendköpfige Gemeinde versammelt, um sich in einem adventlichen Freiluftgottesdienst auf das Christfest einzustimmen. Bei diesem traditionellen Gottesdienst wird auch jedes Mal der zweite Aspekt sichtbar, der zum Öffentlichkeitsanspruch des Evangeliums gehört: In seiner Predigt hat Landesbischof Bohl immer Bezug genommen auf aktuelle gesellschaftliche Fragen und politische Konflikte in Deutschland und der Welt.

Dieser Anspruch des Evangeliums, durch engagierte Christen in die Gesellschaft hineinzuwirken, wird auch in der vielfältigen sozial-karitativen Arbeit der Kirchen sichtbar. Als Direktor des Diakonischen Werks hatte Jochen Bohl maßgeblichen Anteil daran, dass sich die Evangelisch-Lutherische Landeskirche Sachsens in die Gestaltung öffentlicher Belange wie Bildung und Erziehung, Altenpflege und Behindertenfürsorge einbrachte. Wie wichtig das ist, erlebe ich beispielsweise immer wieder in meinem Wahlkreis, wenn ich das Epilepsiezentrum Kleinwachau besuche, das von der Diakonie Sachsen getragen wird. Seit 125 Jahren wird in dieser Einrichtung christliche Nächstenliebe und praktische Solidarität gelebt und damit auch dem Anspruch begegnet, den das Evangelium an jede Gesellschaft stellt.

Der Freistaat Sachsen ist heute ein weitgehend säkularisiertes Land. Gerade einmal ein Viertel aller Sachsen bekennt sich zu einer Religionsgemeinschaft. Dennoch ist die Prägekraft des Evangeliums stärker, als diese Zahlen vermuten lassen sollten. Christen haben für die Friedliche Revolution vor gut einem Vierteljahrhundert eine überragende Rolle gespielt und sich bis zum heutigen Tag auch beim Wiederaufbau des Freistaates Sachsen mit großem Engagement eingebracht. Das wird deutlich an unserer sächsischen Verfassung, in deren Präambel es heißt, das sächsische Volk werde „von dem Willen geleitet, der Gerechtigkeit, dem Frieden und der Bewahrung der Schöpfung zu dienen". Dieses Anliegen teilen auch kirchen- und sogar religionsferne Sachsen, und so ist der von den beiden Kirchen in Jahrhunderten gelegte moralische Urgrund immer noch fruchtbar und tragfähig. Die Öffentlichkeit, welche das Evangelium in Sachsen erreicht, mag kleiner geworden sein. Aber seine Grundwerte wie Nächstenliebe und Brüderlichkeit sind nach wie vor weit verbreitet. Das vielfältige ehrenamtliche Engagement im Alltag genauso wie das Zusammenstehen bei Hochwasserkatastrophen lassen uns das beispielsweise immer wieder spüren.

Elf Jahre lang hat Jochen Bohl als Landesbischof den Öffentlichkeitsanspruch des Evangeliums in Sachsen vertreten, auch mit pointierten Einlassungen zu aktuellen politischen Fragen. Das war nicht immer bequem und konnte es auch nicht sein, denn auch das Evangelium ist alles andere als bequem. Vor allem bleibt aus meiner Sicht, dass uns eine konstruktive und vertrauensvolle Zusammenarbeit verbunden hat, deren Grundlage das Evangelium war. Das gilt nicht zuletzt für die Vorbereitungen zum 500-jährigen Jubiläum der Reformation, bei denen kommunale, staatliche und kirchliche Akteure Hand in Hand arbeiten. Dafür bin ich sehr dankbar.

Bei uns in der katholischen Kirche pflegen wir zu sagen: „einmal Bischof, immer Bischof". Das ist bei den evangelischen Brüdern und Schwestern anders. Aber lebenslanges Zeugnis und Dienst am Evangelium, das kennen auch sie und das wird auch bei Jochen Bohl als Landesbischof i. R. nicht anders sein. Dennoch wird er, so wünsche ich ihm, mehr Zeit und Muße für jene Menschen und Dinge finden, die neben seinem Amt zu kurz kamen. Gottes Segen für Ihren weiteren Lebensweg, lieber Herr Bohl!

Stanislaw Tillich

Grußwort
des Bischofs des Bistums Dresden-Meißen Heiner Koch

Dr. Heiner Koch

„Wir wollen miteinander Christus die Ehre geben!" Diese Zusage gab Landesbischof Bohl bei meiner Einführung in der Dresdner Hofkirche am 16. März 2013. Er hat sie in verlässlicher Weise in meiner Zeit als Bischof des Bistums Dresden-Meißen und in der meines Vorgängers Bischof em. Joachim Reinelt eingelöst. Ich bin dankbar für alles Miteinander, den Sendungsauftrag Christi zu erfüllen, unter dem wir als Christen und als Kirchen hier in Sachsen stehen. Ich danke für die freundschaftliche Zusammenarbeit im Wahrnehmen unserer gemeinsamen gesellschaftlichen Verantwortung. Ich bin froh, dass wir in aller Offenheit das ökumenische Gespräch führen konnten: Für uns bedeutete Ökumene nicht das Feststellen des kleinsten gemeinsamen Nenners. Die konfessionellen Unterschiede haben wir in Achtung und Wertschätzung gesehen als Bereicherung im gemeinsamen Ringen um die Erkenntnis der Wahrheit und um den richtigen Weg als Kirche in Gegenwart und Zukunft. In diesem Sinn war es für mich von großer Bedeutung, mit welch kraftvoller Zustimmung Jochen Bohl die Überlegungen unseres Bistums Dresden-Meißen aufgriff, im Jahr 2016, ein Jahr vor dem Gedenktag an Martin Luther und die Reformation, in Leipzig den 100. Deutschen Katholikentag zu gestalten und ihn als ökumenische Chance wahrzunehmen.

Es war ein ehrliches Zeichen, als wir am 28. Juni 2013 zusammen mit dem Leipziger Thomanerchor in den Vatikan fuhren. Dabei begegneten wir gemeinsam Papst Franziskus, Kardinalstaatssekretär Bertone und dem für die Ökumene zuständigen Kardinal Koch. Gut, dass es solche Höhepunkte gibt, die uns motivieren, sich den Herausforderungen des ökumenischen Alltags zu stellen.

Lieber Mitbruder Jochen, danke für so vieles und vergelt's Ihnen Gott! Das Bistum Dresden-Meißen und ich persönlich sind und bleiben Ihnen verbunden. Ihnen und Ihrer Familie wünsche ich für Ihren weiteren Lebensweg viel Kraft, Mut, Zuversicht und Gottes reichen Segen. Wir freuen uns auf unsere künftigen Begegnungen und hoffen zuversichtlich auf einen gesegneten weiteren Weg mit der Evangelisch-Lutherischen Landeskirche Sachsens.

Dr. Heiner Koch

Günther Barenhoff

Wie stabil ist die Kirche? Die erste Mitgliederbefragung der EKD als Anstoß zur Gemeindepraxis und Kirchenreform

„Der Mantel der Kirche wird neu zugeschnitten werden müssen. Wir werden uns von vielem verabschieden müssen, was uns lieb und wichtig geworden ist.“ Zugleich aber macht Jochen Bohl seiner Kirche Mut. Es gebe auch viel Erfreuliches: „Ich sehe starke und lebendige Gemeinden.“[1]

Geprägt im Umfeld der Lüdenscheider Gemeinden und insbesondere im CVJM war es nach Studium und Vikariat die Kirchengemeinde in Dortmund-Aplerbeck, in der er sein Verständnis von *starken und lebendigen Gemeinden* umsetzen und verwirklichen konnte. Erfahrungen, die ihn in besonderer Weise geprägt haben.

Natürlich ist die Situation der Ruhrgebietsgemeinden in der Evangelischen Kirche von Westfalen (EKvW) Mitte der siebziger Jahre wohl kaum mit der Situation der Kirchengemeinden in der Evangelisch-Lutherischen Landeskirche Sachsens (EVLKS) im Jahre 2004 zu vergleichen. Vergleichbar sind jedoch die Herausforderungen: dass einerseits der *Mantel der Kirche neu zugeschnitten werden* muss und andererseits der Blick für hoffnungsvolle Entwicklungen in den Kirchengemeinden gewahrt bleibt.

Die gewaltigen Veränderungsprozesse in Gesellschaft und Kirche zwischen 1977 und 2004 spiegeln sich auch in den persönlichen und beruflichen Veränderungsprozessen, die Jochen Bohl (und seine Familie) vollzogen hat. Im Rückblick eine sicherlich nicht

---

1 FAZ, 29.03.2004, Rubrik: Personalien, Zur Wahl von Jochen Bohl als Landesbischof.

übliche Entwicklung eines westfälischen Pfarrers und seiner Familie: Gemeindepfarrer in Dortmund, Leitung des Evangelischen Jugendwerkes an der Saar – und damit Wechsel von der Westfälischen Kirche in die Rheinische Kirche –, Direktor der Diakonie in Sachsen und schließlich Landesbischof in der EVLKS.

Mitte der siebziger Jahre waren in der EKvW ca. 150 Pfarrstellen vakant. Die Kirchensteuereinnahmen stiegen trotz der ersten großen Kirchenaustrittswelle[2] Jahr für Jahr. Wer damals in den Kirchengemeinden etwas verwirklichen wollte, scheiterte in der Regel nicht an zu geringen Geldmitteln.[3]

In den Gemeinden wartete man auf neue Impulse zur Belebung des Gemeindelebens. Viele der älter gewordenen Pfarrer hatten dazu nicht mehr die Kraft. Nicht nur, weil sie über Jahre hinweg zum Teil Gemeinden mit mehr als 5.000 Gemeindemitgliedern (pro Pfarrstelle) zu versorgen hatten. Insbesondere diejenigen, die den Aufschwung in den Kirchen in den Nachkriegsjahren noch erlebt hatten und dieses oft auch als Ergebnis ihres persönlichen Engagements verstanden, neigten dazu, den spürbaren Rückgang der aktiven Beteiligung der Gemeindemitglieder am Gemeindeleben, den Rückgang des Gottesdienstbesuches oder auch die zunehmenden Schwierigkeiten mit den Jugendlichen insbesondere im Konfirmandenunterricht als persönliches Versagen zu interpretieren. Ursachen, die außerhalb der persönlichen Befähigung oder des eigenen Einsatzes und Engagements lagen, wurden in der Regel nicht gesehen.

1974 veröffentlichte die EKD die Ergebnisse der ersten Kirchenmitgliedschaftserhebung aus dem Jahr 1972 mit dem Titel: „Wie stabil ist die Kirche? Bestand und Erneuerung". Mit diesem Ansatz einer sozialempirischen Untersuchung des

---

[2] 1963 lagen die Kirchenaustritte und -eintritte noch fast auf gleicher Höhe bei ca. 37.000, 0,13 % der Kirchenmitglieder. Höhepunkt der Kirchenaustritte war das Jahr 1970 mit 202.823 Austritten, 0,71 %, Eintritte 20.990, 0,07 %. Quelle: Helmut Hild (Hg.), Wie stabil ist die Kirche? Bestand und Erneuerung, Gelnhausen/Berlin 1974, 12–13.

[3] Durch die hohe Zahl der vakanten Pfarrstellen war der Anteil an den Kirchensteuern für die Pfarrerbesoldung entsprechend niedrig. Wie konkret der Pfarrermangel sich auch in der Kirchengemeinde Aplerbeck auswirkte, zeigt eine Notiz im Gemeindebrief: Briefe aus der Mitte, 1978, Nr. 3: *„Zur Zeit ist es noch außerordentlich schwierig, vakante Pfarrstellen zu besetzen; noch gibt es zu wenig Pfarrer. Während diese Zeilen geschrieben werden gibt es aber immerhin einen ersten Silberstreif am Horizont, aber noch zu verschwommen als dass man mehr sagen könnte. Also müssen wir die Gemeinde noch einmal um Verständnis bitten: für einen Pfarrer allein sind 5.300 Gemeindeglieder doch eine Menge, manches muss liegen bleiben, Neues anzustoßen, fällt schwer."*

Erscheinungsbildes von Kirche wurden Grundlagen gelegt und Möglichkeiten eröffnet, gesellschaftliche Veränderungsprozesse auch in ihren Konsequenzen für die Kirche zu analysieren und zu verstehen.
Es sollten neue Perspektiven erschlossen werden, dem Öffentlichkeitsanspruch des Evangeliums, dem „Auftrag der Kirche, [...] durch Predigt und Sakrament die Botschaft von der freien Gnade Gottes auszurichten an alles Volk" (Barmen VI), gerecht zu werden. Darauf wird schon im Vorwort des Herausgebers Bezug genommen:

> „Die Kirche erfüllt ihre Aufgabe an Menschen und durch Menschen. Ihrem ein für alle Mal gegebenen, überzeitlichen Auftrag, die Botschaft von Jesus Christus in alle Welt zu tragen, wird sie nur dann gerecht, wenn sie das Evangelium mit den Fragen und Problemen der Menschen in ihrer jeweiligen Zeit konfrontiert. Für ihr Leben und ihren Dienst bildet die Kirche Formen gemeinschaftlichen Handelns aus und entwickelt sich damit zu einem sozialen System."[4]

Wie später noch an einigen exemplarischen Beispielen aus der konkreten Gemeindearbeit in Aplerbeck gezeigt wird, hat die mit dieser Studie eingeleitete Diskussion mit Sicherheit auch Jochen Bohl bereits im Studium und in seiner konkreten Gemeindearbeit beeinflusst. Auch der von Karl-Wilhelm Dahm mit seinem 1971 erschienenen Buch „Beruf: Pfarrer"[5] vertretene funktionalistische Ansatz hat Jochen Bohl und viele Pfarrerinnen und Pfarrer unserer Generation nicht unerheblich geprägt. Auch wenn uns die Begrenzungen und Einschränkungen dieses Ansatzes durchaus bewusst waren.
Allerdings erlebten wir zu dieser Zeit manche theologischen Diskussionen als Abwehr dieses Ansatzes. Anders gesprochen: als Verweigerung, sich mit der Lebenswirklichkeit von Gemeindemitgliedern und der realen empirischen Gestalt von Kirche ernsthaft auseinanderzusetzen.

---

4 Hild (Hg.), Kirche (s. Anm. 2), Vorwort des Herausgebers, 1.
5 Karl-Wilhelm Dahm, Beruf: Pfarrer. Empirische Aspekte zur Funktion von Kirche und Religion in unserer Gesellschaft, München ^{2}1972.

Dass Helmut Hild sein Vorwort zur EKD-Studie mit einer Anmerkung zur Frage nach dem geistlichen Wesen der Kirche einleitet, zeigt auch, welche Widerstände in bestimmten Kreisen der Kirche überwunden werden mussten, um den oben zitierten Anspruch im konkreten Alltag einer Gemeinde verwirklichen zu können:

> „Wenn man die Kirche von ihrem geistlichen Wesen her in den Blick zu nehmen versucht, könnte die Frage [Wie stabil ist die Kirche?] als unangemessen erscheinen. Denn die Kirche begründet und erhält sich nicht selbst. Sie lebt von ihrem Herrn und erweist sich im Glauben ihrer Glieder. Der Glaube ist aber weder verfügbar noch zu messen. Er wird vom Heiligen Geist geweckt, der durch die Verkündigung des Evangeliums und die Sakramente wirkt, ‚wo und wann er will' *(Confessio Augustana V)*"[6].

Wenn es in einer Stadt unter vergleichbaren Rahmenbedingungen starke und schwache, lebendige und eingeschlafene Gemeinden gibt, wenn lebendige, gut besuchte Gottesdienste hier und leere Kirchen in unmittelbarer Nachbarschaft existieren, dann hilft der Hinweis auf den Heiligen Geist mit dieser – theologisch ja richtigen – Aussage in der Regel wohl kaum weiter.

Anlass für die erste repräsentative Befragung unter der evangelischen Bevölkerung in der Bundesrepublik und Westberlin war die erste Welle der Kirchenaustrittsbewegung Ende der sechziger Jahre, die ja zugleich ein äußerer Hinweis auf die sich bereits damals anbahnenden Entwicklungen darstellt, die mit den Stichworten Säkularisierungsprozesse und Traditionsabbruch verbunden sind.[7] Neu war der Ansatz der

---

6 Hild (Hg.), Kirche (s. Anm. 2), Vorwort, 1.

7 Es ist hier nicht der Raum, den Streit über die Bedeutung der Säkularisierungsthese ausführlich darzustellen. Im Zusammenhang der Erklärung der Austrittswelle standen sich u. a. zwei Sichtweisen gegenüber: *die Konservativen und die reformerischen Anhänger der Säkularisierungsthese gaben sich gegenseitig die Schuld an den Austritten. Während die einen in ihnen ein Votum zu Gunsten der Öffnung zur Welt erblicken, lesen die anderen daraus die Notwendigkeit verstärkter Abgrenzung ab;* ebd., 26.

Befragung gegenüber der älteren Kirchen- und religionssoziologischen Forschung.[8] Die Frage lautete nicht mehr: Was glauben die Deutschen? „Das Interesse konzentrierte sich auf das Verständnis der Kirche in der Sicht der Mitglieder. Gegenstand der Untersuchung war die Einstellung der Mitglieder zu Kirche als einer sozialen Organisation, nicht die Lehre von der Kirche."[9]

Es war nicht unumstritten, so „funktionalistisch" nach dem Bestand und der Sicherung der Institution Kirche zu fragen. Anpassung an den Zeitgeist war ein weitgehend bekannter Vorwurf, wenn die Forderung aufgestellt wurde, dass die Kirche sich auch an den Bedürfnissen und Erwartungen ihrer Mitglieder in ihrem Handeln und in ihrem Planen zu orientieren hat.

Joachim Matthes weist im Vorwort des Kommentarbandes zur ersten Mitgliederbefragung im Zusammenhang des Nachzeichnens von Kritiklinien auf jene Kritik hin, „die sich von einer vorausgesetzten theologischen Position aus prinzipiell dagegen wendet, Ergebnisse empirischer Sozialforschung zu kirchlich-religiösen Phänomenen originär aufzunehmen und als unmittelbare Rückfrage an die Wirklichkeit von Kirche und an die ihr innewohnenden leitenden Ideen aufzufassen und zu behandeln. Mit solcher Art von Kritik kann man, so scheint es, nur hadern, nicht aber argumentieren. Festgehalten werden sollte, dass solche Art von Kritik an der EKD-Studie, ihrer Aussagekraft, ihrer Verwendungsfähigkeit für kirchliches Handeln, sowohl von rechts als von links gekommen ist – wenn man solch grobe Kennzeichnungen kirchenpolitischer Positionen einmal hilfsweise zulässt."[10] Die zentralen Ergebnisse der ersten Mitgliederbefragung lassen sich wie folgt zusammenfassen:

---

8 Vergleiche zum Folgenden die zusammenfassende Darstellung zur ersten EKD-Umfrage in: Johannes Hanselmann/Helmut Hild/Eduard Lohse (Hg.), Was wird aus der Kirche? Ergebnisse der zweiten EKD-Umfrage, Gütersloh 1984, 11.

9 A. a. O., 15.

10 Joachim Matthes (Hg.), Erneuerung der Kirche? Stabilität als Chance. Konsequenzen einer Umfrage, Gelnhausen/Berlin 1975, 11.

1. *Stabilität der Kirche*

Die Stabilität der Kirche wurde im Kern an der Bereitschaft zum Austritt sowie am Teilnahmeverhalten festgemacht und ganz bewusst durch die Einfügung „relativ" eingeschränkt.

„Speziell die Befunde in den Gruppen, die als Indikatoren für mögliche Zukunftsentwicklungen ausgewählt worden waren – Jugendliche und junge Erwachsene, Bewohner von Trabantenstädten, Befragte mit einem höheren formalen Bildungsstand –, ließen erkennen, dass mit der allgemeinen Krise der Traditionsvermittlung in der modernen Gesellschaft auch die Überlieferung von Kirche und Christentum in eine Krise gerät."[11]

Daraus wurde die Folgerung abgeleitet, *zugeschriebene*, durch Tradition vorgegebene Mitgliedschaft mit einer *erworbenen*, auch subjektiv angeeigneten und bewusst bejahten Rolle zu verbinden. „Die Existenz der Volkskirche ist zunehmend eben von dem Faktor abhängig, der sie gleichzeitig auch am stärksten bedroht – nämlich von Bildung, verstanden als Auseinandersetzung und reflektierter Umgang mit Tradition und Überlieferung."[12]

In diesem Zusammenhang wurde auf Defizite des Konfirmandenunterrichts hingewiesen und auf ein tendenzielles Misslingen in der kirchlichen Sozialisation.

2. *Typen der Mitgliedschaft*

Im Zusammenhang mit der Frage, wie nah oder fern Mitglieder zur Kirche stehen, kam die Gruppe der *distanzierten Mitglieder* in besonderer Weise in den Fokus der Untersuchung. Diese große Gruppe von Mitgliedern, die sich durchaus als evangelische Christen verstanden, entsprach aber nicht den kirchlichen Erwartungen, was das Teilnahmeverhalten betrifft. „Nicht der sogenannte Alltagszyklus, der Rhythmus von Werktag und Sonntag, formt den Bezug zu Kirche, sondern der Lebenszyklus, die

---

[11] HANSELMANN u. a. (Hg.), Kirche (s. Anm. 8), 17.

[12] Ebd.

Abfolge der verschiedenen Lebenszeiten mit ihren jeweiligen Situationen und Knotenpunkten."[13]

Die Amtshandlungen (Taufe, Konfirmation, Trauung, Beerdigung) und der Gottesdienst am Heiligen Abend wurden als zentrale Punkte der religiösen Situationen markiert. Sie haben daher für diese Gruppe der ‚Distanzierten' „einen anderen und weit höheren Stellenwert, als ihnen in der normativen Perspektive von Theologie und Kirche zumindest Anfang der 70er Jahre noch zugemessen wurde."[14]

3. *Erneuerung der alten Kirche*

Priorität für die Kirchenmitglieder haben die Arbeitsfelder Diakonie, Lehre und Verkündigung sowie Seelsorge. „Kirche soll das tun, was sie immer schon getan hat, sie soll es verstärkt und besser tun – Erneuerung der Kirche."[15] Dabei kommt nach wie vor der Person des Pfarrers[16] eine besondere „Schlüsselrolle" zu. Dies bedeutet jedoch auch, dass die Pfarrer mit hohen Ansprüchen und Erwartungen konfrontiert waren. Diese Ergebnisse der ersten Kirchenmitgliedschaftsbefragung sind im Wesentlichen auch in den folgenden Befragungen immer wieder – wenn auch zum Teil differenzierter – bestätigt worden.

Schon die Veröffentlichungstitel der jeweils in Abständen von zehn Jahren durchgeführten Folgebefragungen zeigen die Erweiterungen der Fragehorizonte an und zugleich auch die Reaktion auf die inzwischen erfolgten weiteren Veränderungen in Kirche und Gesellschaft. Dies gilt etwa für die Erweiterung der Methodik der Befragung und die Erweiterung des Kreises der Befragten um die Konfessionslosen seit 1992.[17]

---

[13] A. a. O., 18.

[14] A. a. O., 19. Vgl. Hild (Hg.), Kirche (s. Anm. 2), 236 ff.

[15] Hild, a. a. O., Kirche (s. Anm. 2), 276 ff.

[16] Dass in der ersten Studie nur von Pfarrern gesprochen wird, begründet sich, neben der Tatsache, dass die Genderthematik damals in der Kirche noch nicht angekommen war, einfach aus dem Sachverhalt, dass der Anteil der Theologinnen unter den Gemeindepfarrern sehr gering war.

[17] Die Befragungen fanden im Abstand von zehn Jahren statt und wurden in der Regel zwei Jahre später veröffentlicht. Es folgten umfangreiche Diskussions- und Auswertungsbände.

- Wie stabil ist die Kirche?, 1974
- Was wird aus der Kirche?, 1984
- Fremde Heimat Kirche – Quellen religiöser Selbst- und Weltdeutung, 1994
- Weltsichten – Kirchenbindung – Lebensstile, 2003
- Engagement und Indifferenz – Kirchenmitgliedschaft als soziale Praxis, 2014

Durch diese Untersuchungen sind auch weitere landeskirchliche Prozesse initiiert worden mit dem Ziel, Grundlagen für konkrete Reformen in den Landeskirchen und Kirchengemeinden zu schaffen. Exemplarisch soll auf zwei dieser Untersuchungen und Prozesse der Kirchenreform hingewiesen werden.[18] Die Perspektivkommission der *Evangelischen Kirche in Hessen und Nassau* veröffentlichte ihre Ergebnisse unter dem Titel „Person und Institution – Volkskirche auf dem Weg in die Zukunft“[19].

Auf die bereits erschienenen EKD-Umfragen zur Mitgliedschaft wird zwar verwiesen und darauf hingewiesen, dass es „in erster Linie nicht darauf ankam, von der Institution her zu fragen, sondern von dem volkskirchlichen Leben unterhalb der Schwelle seiner institutionellen Verfasstheit her“[20]. Dies wird jedoch verbunden mit dem Anspruch, „auf keinen Fall in einer rein kirchlichen Sichtweise befangen zu bleiben“[21].

Um dem Vorwurf zu begegnen, Veränderungsprozesse ohne gründliche theologische Fundierung anregen zu wollen, wird nach dem ersten Teil *Zur Situation der Kirche in der heutigen Gesellschaft* ganz bewusst in einem zweiten Teil der *Versuch einer theologischen Grundlegung* eingefügt. Als Ausgangspunkt werden die unterschiedlichen Beobachtungen und Einsichten unter dem Stichwort Differenzierungsschub zusammengefasst.

---

[18] Es wäre eine reizvolle Aufgabe, diese Linie bis zur Veröffentlichung des Impulspapiers der EKD „Kirche der Freiheit, Perspektiven für die Evangelische Kirche im 21. Jahrhundert“ weiter nachzuverfolgen. Dass in dieser Studie nicht auf die landeskirchlichen Prozesse verwiesen wird, mag methodische Gründe haben. Es kann aber auch ein Indiz dafür sein, dass im Protestantismus jeder das Rad immer wieder selbst neu erfinden muss, bzw., dass die EKD die Deutungshoheit für sich beanspruchen will.

[19] Evangelische Kirche in Hessen und Nassau (Hg.), Person und Institution. Volkskirche auf dem Weg in die Zukunft, Frankfurt ²1992.

[20] A.a.O., 6.

[21] A.a.O., 5.

„Er ist so etwas wie der hermeneutische Schlüssel, der die uns empfangene und selbst erfüllende Wirklichkeit erschließt. Es lag nahe, die sich hieraus ergebenden Einsichten auf das Rechtfertigungsgeschehen zu beziehen. Dafür spricht der geschichtliche Zusammenhang zwischen der reformatorischen Rechtfertigungslehre und der Moderne, und in diese Richtung weist die Herausforderung, dem vereinzelten Menschen, der zwischen Verzweiflung und Selbstüberschätzung schwankt, eine fundierte Lebensgrundlage aus dem Evangelium anzubieten."[22]

In einem vierten Teil werden konkrete Konsequenzen für kirchliches Handeln vorgeschlagen. Es wäre äußerst anregend, nachzuprüfen, wie und ob sich die Erwartung der Kirchenleitung an eine breite, weiterführende Diskussion in den Gemeinden und kirchlichen Einrichtungen erfüllt hat und was dann tatsächlich umgesetzt wurde. Analyse, Konsequenzen aus den Ergebnissen der Analyse und konkrete Umsetzung unterliegen auch in der Kirche den konkreten Bedingungen von Macht und Einfluss. Es ist ein besonderes Verdienst dieser Studie, dass sie diesem Thema ein besonderes Kapitel *Zum bewussten und kontrollierten Umgang mit Macht* gewidmet hat. Dort heißt es unter anderem:

„Zur Tabuisierung von Macht in der Gegenwart mag eine missverstandene Auslegung der 3. und 4. Barmer These beigetragen haben. Hier wird gesagt, dass die verschiedenen Ämter keine Herrschaft der einen über die anderen begründen. Wenn eine solche Aussage unbeabsichtigterweise zur Folge hatte, Machtbeziehungen und Macht zu verschleiern, statt sie systematisch zur Kenntnis zu nehmen und zu kontrollieren, dann wird der Sinn der Barmer These ins Gegenteil verkehrt."[23]

---

22 Ebd.
23 A. a. O., 110.

In der *Evangelischen Kirche von Westfalen* beschloss die Kirchenleitung am 16. April 1997, einen Struktur- und Planungsausschuss einzusetzen, der den Auftrag bekam, die landeskirchliche Ebene, also die Zahl und die Standorte der landeskirchlichen Ämter, Werke und Einrichtungen, zu überprüfen, sich das Zusammenspiel der drei kirchlichen Ebenen (Kirchengemeinden, Kirchenkreise, Landeskirche) genauer anzusehen und die Kirchenkreisebene und rechtliche Parallelstrukturen zu überprüfen. Neben den schon oben beschriebenen Gründen spielten der zunehmende Mitgliederverlust und die zurückgehenden Finanzmittel eine wesentliche Rolle. Während die Empfehlungen für strukturelle Veränderungen auf der Ebene der Landeskirche relativ schnell und zügig umgesetzt werden konnten, blieben die Empfehlungen für die Kirchenkreise und Gemeinden zunächst fast ohne Wirkung.[24] Dennoch wurde die Arbeit des Struktur- und Planungsausschusses – erweitert durch Projektgruppen – intensiv fortgesetzt und leitete mit der im Jahr 2000 vorgelegten Schrift *Kirche mit Zukunft. Zielorientierung für die Evangelische Kirche von Westfalen* einen breiten Beteiligungsprozess in der Evangelischen Kirche von Westfalen ein. Die Beratungen über die 440 Stellungnahmen fanden auf der Landessynode 2001 statt und leiteten einen Prozess ein, in dem konkrete Anträge auf den Weg gebracht wurden, die auch in den Folgejahren zu Beschlüssen und Umsetzungen führten.

Mit der Landessynode 2005 endete diese zweite Phase des Reformprozesses. Jene forderte in einem fast einstimmigen Votum die Verantwortlichen auf, die Ergebnisse des Reformprozesses ausdrücklich und verbindlich in ihre Beratungen und Entscheidungen aufzunehmen.[25]

---

[24] Am Standort Villigst wurden im Institut für Aus-, Fort- und Weiterbildung das Predigerseminar und die Arbeitsstellen Gottesdienste und Kirchenmusik zusammengeführt, im Institut für Kirche und Gesellschaft die Evangelische Akademie, das Sozialamt, die Umweltarbeit und die Männerarbeit. Der Standort Iserlohn wurde aufgegeben. In Dortmund wurden im Amt für Missionarische Dienste das Volksmissionarische Amt (früher Witten) und die Gemeindeberatung zusammengeführt.

[25] Vgl. Peter Burkowski, Kirche mit Zukunft – Es geht weiter. Impulsreferat, Hamm, 15.9.2007, und Bericht über den Stand des Reformprozesses „Kirche mit Zukunft“, Verhandlungen der 15. Westfälischen Landessynode 2005. Peter Burkowski – bis 2012 Superintendent im Kirchenkreis Recklinghausen, seit 1998 Vorsitzender des Struktur- und Planungsausschusses – ist jetzt Leiter der Führungsakademie der EKD in Berlin.

2008 wurde allen Presbyterinnen und Presbytern das Handbuch für die Arbeit im Presbyterium *Gemeinde leiten* überreicht. Darin sind alle wesentlichen Texte aus dem Reformprozess in lesbarer und handbarer Form zusammengestellt worden.[26] In der Schrift *Unser Leben – Unser Glaube – Unser Handeln* sind die Ziele beschrieben, die auf der Grundlage unseres Glaubens den vielfältigen Aktivitäten in der Evangelischen Kirche von Westfalen die gemeinsame Ausrichtung geben:

> „Wir machen uns auf den Weg zu den Menschen.
> Wir sind offen und einladend.
> Wir feiern lebendige Gottesdienste. Wir begleiten die Menschen.
> Wir bieten Orientierung. Wir machen uns für Menschen stark.
> Wir machen Menschen Mut zum Glauben.
> Wir nehmen gesellschaftliche Verantwortung wahr.
> Wir laden zu aktiver Mitgestaltung und Beteiligung ein.
> Wir fördern die weltweite Ökumene mit anderen Kirchen."[27]

Beispiele für die Umsetzung von Erkenntnissen der EKD-Studien im Alltag der Kirchengemeinde Dortmund-Aplerbeck

Am 1. Oktober 1976 trat Pastor Jochen Bohl seinen Dienst als Hilfsprediger in der Evangelischen Kirchengemeinde Dortmund-Aplerbeck an. Im Mai 1977 wurde er in der Evangelischen Georgskirche ordiniert. Wie viele junge Pfarrer dieser Zeit übernahm er sofort alle Aufgaben, die mit der Verwaltung der Pfarrstelle verbunden waren, in die er nach seiner Wahl durch das Presbyterium am 8. Januar 1978 in der Kirche an der Märtmannstraße eingeführt wurde.
In einem *Arbeitspapier* „Meine Pläne 1977" legte er seine Pläne für die Bereiche (1) Gottesdienst, (2) Kirchlicher Unterricht und (3) Gruppen in der Gemeinde fest. Auf der

---

[26] EKvW (Hg.), Gemeinde leiten, Bielefeld 2008. Neben den zentralen Texten aus dem Reformprozess sind hier auch alle wesentlichen Texte für die Arbeit im Presbyterium und in der Kirche zusammengestellt.
[27] EKvW/Präses Manfred Sorg/Präses Alfred Buss (Hg.), 29. Februar 2004.

Pfarrhaus/Gemeindehaus und Georgskirche in Dortmund-Aplerbeck

Basis einer gründlichen Gemeindeanalyse in Aplerbeck-Mitte kam er u. a. zu dem Ergebnis, die beiden Gemeindebezirke enger zusammenzuführen:

„In Absprache mit den Kollegen von Mitte I und den beteiligten Presbytern wurde die Arbeit in beiden Bezirken so konzipiert, dass sie wie ein Bezirk zu behandeln sind; mit einem Gemeindehaus, einem Bezirkspresbyterium und eben mit zwei Pfarrern. Eine detaillierte Konzeption steht noch aus.

Aus diesem Grund wurde bereits festgelegt, dass die Wohnung des Pfarrers Mitte II im Bereich der Georgskirche zu errichten ist: Kirche sollte sich im Bewusstsein der Gemeindeglieder an einem Punkt konzentrieren [...] III. Die Jugendarbeit in beiden Bezirken ist an einem Nullpunkt angelangt: Aufbauarbeit ist zu leisten."[28]

Neben dem Haupt[29]- und Kindergottesdienst[30] (als traditionelle Gottesdienste), die er konzeptionell weiterentwickeln wollte, skizzierte er stichwortartig seine

---

[28] Jochen Bohl, Bericht Gemeindearbeit Aplerbeck Mitte II, 8.5.1977.

[29] Zum Hauptgottesdienst: *Agende I, sorgfältig/Medien in Agende I/Nach Möglichkeiten treten Pfarrer gemeinsam auf.*

[30] Zum Kindergottesdienst: *Junge Erwachsene gewinnen, Begleitung durch einen Pfarrer/langfristig: Verzahnung mit Familiengottesdienst, kindgemäße Liturgie, Verzahnung zur Jungschararbeit.*

Jochen Bohl (rechts unten) mit Jugendlichen aus Israel während einer Begegnungsfreizeit in Saarbrücken 1990

Überlegungen zu Familiengottesdiensten, Jugendgottesdiensten[31] und Zielgruppengottesdiensten[32].

Einen besonderen Schwerpunkt legte er auf den Konfirmandenunterricht mit den Konfirmandenfreizeiten. Angebote für Kinderarbeit und die sich an den Konfirmandenunterricht anschließende Jugendarbeit mit Kinderfreizeiten in Juist, Jugendfreizeiten in Österreich, Korsika, später als Radfahrzeiten nach Holland, England und Frankreich, mit einem großen Stab an ehrenamtlichen Mitarbeitenden, wurden fester Bestandteil der Gemeindearbeit und waren immer mit dem besonderen Engagement von Jochen Bohl verbunden.

Dazu gehörten auch die regelmäßigen Teilnahmen an den Kirchentagen. Der Bericht über den Kirchentag in Nürnberg 1979 „Zur Hoffnung berufen" wirft auch ein Licht auf die Impulse, die Jochen Bohl schon in den ersten Jahren seiner Tätigkeit gesetzt hat:

---

31 Jugendgottesdienst: *muss aus Jugendarbeit hervorgehen/Fest! Begeisternd!/Ineinander von Themenorientierung und Glaubenserfahrung.*

32 Zielgruppengottesdienste: *Innere Mission/Ausländersonntag/Musikalischer GD/Weltgebetstag.*

„In allen Diskussionen, Vorträgen, Meditationen, liturgischen Feiern, in zahllosen Gottesdiensten entstand das Bild einer begeisternden evangelischen Kirche; einer Kirche, die Sprachrohr ist für die Ängste und Sorgen und auch für die Hoffnung der Menschen; einer Kirche, in der das Evangelium gehört wird. Vielleicht ist so der Kirchentag sogar ein Spiegelbild des Zustands unserer Kirche gewesen? Wir aus Aplerbeck jedenfalls fühlten uns bestätigt und ermutigt von den Nürnberger Tagen.“[33]

Neben den Kindern und Jugendlichen benannte er als Zielgruppen die Eltern des Kindergartens, die Konfirmandeneltern, die Traupaare und die Taufeltern. Auch hier beschrieb er genau die Rolle und Aufgabe des Pfarrers in der Begleitung und Kommunikation mit den unterschiedlichen Zielgruppen. 1983, als die traditionelle Männerarbeit (EAB) immer weniger Zuspruch fand, lud er zu einem Stammtisch ein.[34]

In einem sechs Punkte umfassenden *Leitfaden für das Gemeindefest*, das zu einem festen Bestandteil der Gemeindearbeit wurde, definierte er die Zielvorstellungen so: „Die aktive Gemeinde darf nicht erstarren, sondern muss wachsen und in Bewegung geraten“[35], und erläuternd wird hinzugefügt:

„Die Zielvorstellungen bedürfen sicherlich keiner weiteren Erläuterungen, nachdem die Punkte 1–5 vorgetragen und erläutert wurden. Wichtig ist, dass an möglichst vielen Stellen Kontakte entstehen und die Menschen sich begegnen können und miteinander reden können, die Kleinsten sowohl wie auch die Ältesten – deshalb sind Plätze und Ruhezonen genauso wichtig wie der Trubel.“

Von besonderer Bedeutung war sicherlich auch die von ihm angestoßene *Renovierung der großen Orgel.*

---

[33] Briefe aus der Mitte, Nr. 8, 1979, 5.

[34] *„Sehr geehrte Herren, liebe Freunde, die Abende werden wieder länger, der Herbst steht uns bevor. Eine unwiderlegliche Feststellung. So scheint es mir an der Zeit zu sein, endlich einen Vorschlag aufzugreifen, der schon öfters an mich herangetragen wurde: zu einem STAMMTISCH einzuladen.“*, Einladungsschreiben vom 7.9.1983.

[35] Auch dieses 6-Punkte-Programm, von J. Bohl entworfen und Grundlage für die Beratung im Gemeindebeirat, besticht durch seine Präzision und sorgfältige Planung. Es umfasst neun Seiten, 1-zeilig (Schreibmaschine) mit ausführlichem Anhang für Detailplanungen.

In der Festschrift zur Einweihung der restaurierten Orgel wird noch im Geleitwort deutlich, wie intensiv in der Gemeinde über die Weiterentwicklung von Gemeindekonzeptionen diskutiert wurde:

„Wir haben uns sehr schwergetan mit dem Entschluss, die Orgel unserer evangelischen Kirche in Aplerbeck zu restaurieren. Diese Verlegenheit ist nur zu einem Teil in den hohen Kosten eines Orgelbaus für einen Kirchenraum dieser Größe – und die Restaurierung kommt einem Neubau sehr nahe – begründet. Eher ist es so, dass grundsätzliche Fragen nach den Schwerpunkten kirchlichen Handelns in unserer Zeit angesprochen sind. Unüberhörbar für jeden, der in der Kirche lebt, wird glaubwürdiges Leben von uns Christen gefordert, Übereinstimmung von Reden und Handeln gleichsam eingeklagt. Darum haben wir uns in den vergangenen drei Jahren ständig bemüht, der häufig gestellten Frage nicht auszuweichen, wie angesichts des Welthungers und zahlreicher sozialer Probleme der Bau eines so aufwändigen Instruments zu rechtfertigen ist.

Es ist schließlich eine theologische Begründung, die den Ausschlag für diese Entscheidung gegeben hat: Im Gottesdienste empfangen wir durch das Evangelium Gottes Stärkung für die Aufgaben, die jeden Tag von uns zu bewältigen sind; wir können uns an dem Wort Gottes freuen in Sprache und Musik. So hat auch die Orgel ihren Anteil an der Verkündigung des Evangeliums, das uns auf unseren Nächsten ausrichtet. [...] Wir haben unsere Blicke nicht nur in eine Richtung, die des Orgelbaus, gelenkt; sondern wir haben versucht, gerade in dieser Zeit unsere Verantwortung für den nahen und fernen Nächsten wahrzunehmen.“[36]

1983 unternahm Jochen Bohl seine erste *Jugendfahrt nach Halle*. Der ausführliche Bericht über diese Reise lässt erkennen, wie beeindruckend und prägend diese Reise für die Jugendlichen und ihn selbst gewesen ist. Dass dies der Beginn einer ganz persönlichen, auch beruflichen Weiterentwicklung war, konsequent fortgesetzt mit den Besuchen in der DDR aus dem Jugendpfarramt an der Saar, war damals nicht vorauszusehen.

---

[36] Renate Hobruch/Jochen Bohl (Hg.), Festschrift zur Einweihung der restaurierten Orgel in der Evangelischen Kirche zu Dortmund-Aplerbeck am 29. April 1984.

Es war vor allem der Kontrast zu den Erfahrungen in der eigenen Gemeinde, der bei den Beteiligten einen bleibenden Eindruck hinterließ. Über die erste Gesprächsrunde zum Thema: „Was kostet es, ein Christ zu sein?“ wird Folgendes festgehalten:

„Es wird ruhig. Und natürlich beginnen die Hallenser. ‚Klar‘, sagt Bernd, ‚es kostet etwas‘. Er glaubt, es nicht mit dem Christsein vereinbaren zu können, in der Volksarmee zu dienen. Das fünfte Gebot, Jesu Verschärfung desselben, daran fühlt er sich gebunden, und die anderen nicken mit dem Kopf [...]

Ja, stimmen ihm die anderen zu, es ist klar, dass es etwas kostet, Christ zu sein: Das Leben im Glauben reibt sich eben immer wieder mit den Vorstellungen und Erwartungen des Staates, der Öffentlichkeit: Einladungen, Plakate zum Gottesdienst dürfen nicht gedruckt werden, sondern müssen von Hand gepinselt werden. Oder die berühmte Geschichte mit dem Aufnäher ‚Schwerter zu Pflugscharen‘. Im Moment sagt niemand etwas dagegen, aber es ist nicht lange her, da wurden Stoffdrucke auf der Wache abgetrennt, und wir wissen, das wird auch wieder anders werden.

Klar ist uns nur: Die Hallenser haben nicht nur darüber nachgedacht, ja teilweise erfahren, dass das Christsein etwas kostet.

Unseren Jugendlichen ist die Frage dagegen neu. Unvermutet taucht sie auf. Es ist doch selbstverständlich, dass man zur Kirche gehört, zur Konfirmation geht – und niemand hat etwas dagegen, wenn einige den Glauben etwas ernster nehmen als die anderen.“

Der Bericht schließt mit folgenden Worten:

„Es wird ein schlimmer Abschied, wie ich ihn noch nicht erlebt habe. Es fließen viele Tränen, es gibt fassungslose Gesichter [...]. Als der Lokführer dann endlich den Zug abrücken lässt, [...] kommt alles noch einmal hoch: die Trennung, das Christ-Sein, das Deutsche, die Zukunft.“[37]

Schon diese wenigen Einblicke in zehn Jahre Gemeindearbeit zeigen, wie stark Jochen Bohl Impulse aus der ersten Mitgliederbefragung aufgenommen hat, ja sogar Anregungen, die erst in späteren Untersuchen gemacht wurden, bereits in dieser Zeit

[37] Bericht über die Jugendfahrt nach Halle/DDR 1983. Der 7-seitige Bericht vermerkt nicht, ob Jochen Bohl selbst oder einer der Teilnehmenden den Bericht verfasst hat.

Barack Obama und Angela Merkel mit Jochen Bohl in der Dresdner Frauenkirche im Juni 2009

verwirklicht hat. Der Öffentlichkeitsanspruch des Evangeliums war ihm von Beginn seiner pastoralen Tätigkeit an ein Grundanliegen. Dass er diese Öffentlichkeit in der Evangelisch-Lutherischen Landeskirche Sachsens mit der Eröffnung des Kirchentages oder mit dem gemeinsamen Besuch der Bundeskanzlerin und des Präsidenten der Vereinigten Staaten in der wieder aufgebauten Frauenkirche in Dresden erleben und verwirklichen konnte, würde er selbst vielleicht auch so erklären:

„Solchen Glauben zu erlangen hat Gott das Predigtamt eingesetzt, das Evangelium und die Sakramente gegeben, durch die er als durch Mittel den Heiligen Geist gibt, der den Glauben, wo und wann er will, in denen, die das Evangelium hören, wirkt, das da lehrt, dass wir durch Christi Verdienst, nicht durch unser Verdienst, einen gnädigen Gott haben, wenn wir das glauben. Und es werden die verdammt, die lehren, dass wir den Heiligen Geist ohne das leibhafte Wort des Evangeliums durch eigene Vorbereitung, Gedanken und Werke erlangen."[38]

---

[38] Confessio Augustana V.

Harald Bretschneider

Die Wahrnehmung des politischen Mandates der Kirche in der Amtszeit von Landesbischof Jochen Bohl

Als sich Pfarrer Jochen Bohl 1994 als Direktor des Diakonischen Werkes in Sachsen bewarb, ging ihm der Ruf voraus, dass er politisch den „Grünen" nahestehe. Er war bis dahin Jugendpfarrer in der Evangelischen Kirche im Rheinland gewesen. In der Jungscharzeit prägte ihn Pfarrer Klaus Diehl, der in Sachsen durch die Partnerschaft zwischen dem CVJM-Westbund und dem Jungmännerwerk gut bekannt war. Letztlich überzeugte Bohls Vorstellung in den Gremien der Diakonie und nahm alle Bedenken.
Seine gesellschaftspolitischen Kenntnisse, sein Wissen um die Rechtslage der Wohlfahrtsverbände in der Bundesrepublik und seine Erfahrungen im Umgang mit Politikern haben sehr geholfen, das Diakonische Werk der Evangelisch-Lutherischen Landeskirche Sachsens auf die Herausforderungen der neuen Sozialgesetzgebung einzustellen und die Diakonievereine in den Kirchenbezirken zu beraten und zu begleiten. Als ehemaliger Direktor des Diakonischen Werkes-Stadtmission Dresden und später als zuständiger Dezernent für Diakonie im Landeskirchenamt danke ich ihm und den Mitarbeitern, vor allem dem Geschäftsführer Friedhelm Fürst und dem Justitiar Werner Scheibe, für diesen Dienst. Darin waren bereits die Grundzüge zu erkennen, wie der spätere Landesbischof Bohl das politische Mandat unserer Kirche wahrnehmen würde.
Angesichts des Sozialwortes der Kirchen zur wirtschaftlichen und sozialen Lage in Deutschland und der zunehmenden Ökonomisierung des Sozialen in den neunziger

Jahren des vorigen Jahrhunderts stellte die Kirchenleitung 1998 den Bericht für die Synode der Landeskirche unter das Thema: „Betrachtungen zum wirtschaftlichen und sozialen Handeln in Kirche und Diakonie und Überlegungen zum weiteren Weg der Kirche". Da ich beauftragt wurde, einen Entwurf zu erstellen, habe ich Jochen Bohl als Direktor des Diakonischen Werkes unserer Landeskirche einbezogen. Zunächst fragten wir, wie die Evangelisch-Lutherische Landeskirche Sachsens mit den Problemen des einschneidenden Rückgangs der Finanzen und der notwendigen strukturellen und personellen Konsequenzen umgeht. Dann haben wir von Modellversuchen der kirchlichen Erwerbsloseninitiativen und dem Arbeitslosenfonds sowie von exemplarischen Initiativen der Kirchgemeinden und kirchlichen Werke berichtet. Schließlich beschäftigten wir uns mit theologischen Positionen im Verhältnis zwischen Wohlstand und Armut und der Frage, welchen Weg unsere Kirche gehen sollte. Es galt, sich nicht auf die Erde zu fixieren, sondern den Himmel im Blick zu behalten! „Selig sind, die da geistlich arm sind; denn ihrer ist das Himmelreich" (Mt 5,3). Gibt dieser Satz aus der Bergpredigt Antwort, wie es mit der Kirche weitergehen soll?

1. *Die vorrangige Option für die Armen*

Manche wollten eine Kirche für die Armen. Sie beriefen sich auf die Ökumenische Versammlung, die die Option formulierte. Sie verstanden darunter eine arme Kirche, die weder der Beliebigkeit noch der Anpassung an den Staat, an die Gesellschaft, an die Politik oder an den Zeitgeist ausgeliefert ist. Sie wollten eine Kirche, die sich von ihrer volkskirchlichen Geschichte verabschiedet und sich ganz bewusst an die Seite derer stellt, die unter heutigen wirtschaftlichen und gesellschaftlichen Bedingungen an den Rand gedrängt werden. Sie rechneten nicht damit, dass die Mehrheit der Bürger, also das Volk, sich wieder der Kirche zuordnen würde. Sie akzeptierten, dass wir eine Minderheit bleiben werden, und baten, diesen Status entschlossen anzunehmen.
Es gehört zu den Grundlagen in unserer Landeskirche, dass wir uns durch die Zeiten hindurch an der Bibel orientieren und die daraus folgenden Erkenntnisse auf die Situation beziehen, in der wir leben und herausgefordert sind. Es lohnt, einige Spuren

zur Annahme der Minderheitssituation der Kirche und zur vorrangigen Option für die Armen zu betrachten, die damals für den Kirchenleitungsbericht zugearbeitet wurden.

2. *Biblischer Befund*

Das Evangelium gilt allen Menschen. Das Kreuz ist die Kraft der Schwachen. Das sind Kernaussagen der biblischen Botschaft und Kennzeichen der Kirche Jesu Christi aller Zeiten. Verlieren wir die Nähe zu den Armen und Schwachen, verlieren wir Christus. Bezeugen wir die Liebe Gottes nicht allen Menschen, werden wir der Botschaft nicht gerecht.

Das *Alte Testament* beschreibt, dass Gott das Leben aller Menschen will. Es achtet Wohlstand und gesichertes Leben als Zeichen für Gottes Segen. Eigentum steht unter seinem Schutz. Schuldenerlass, Rückgabe des Eigentums und Befreiung von in Abhängigkeit geratenen Menschen werden per Gottes-Gesetz ausgeglichen, damit verarmte und der Freiheit beraubte Menschen eine neue Chance erhalten. Die Propheten verwerfen Reiche nicht um ihres Besitzes willen. Sie ziehen Arme nicht um ihrer Armut willen vor. Sie klagen vielmehr den Missbrauch des Reichtums, in Form von Stolz und Hochmut der Menschen gegen Gott und gegen die Mitmenschen, an. Den Armen zu helfen, ist Pflicht und Ehrerweisung gegen Gott und hilft zur Gesundung der Gemeinschaft. Habgier und Begehrlichkeit wirken sich so aus, dass Gesellschaft mürbe wird und Menschen an ihrem eigensüchtigen Tun zugrunde gehen.

Auch das *Neue Testament* betrachtet Armut und Wohlstand, Besitz und Eigentum unter sozialem und besonders unter religiösem Aspekt. Es fordert nicht prinzipiell Armut, sondern die Bereitschaft, mit den Armen zu teilen. Es richtet sich nicht gegen den Besitz, sondern lädt zu einem Leben im Sinne von „haben, als hätten wir nicht" ein. Teilen heißt nicht nur abgeben von Überflüssigem, sondern setzt die Besinnung voraus, was der Mensch wirklich braucht. Eigentum ist eine Leihgabe, die nicht nur den Christen verpflichtet. Sie darf dankbar angenommen werden. Sie ist aber in Freiheit und Gehorsam zu gestalten. Jeder, der „gestohlen hat, der stehle nicht mehr, sondern arbeite und schaffe mit eigenen Händen das nötige Gut, damit er dem Bedürftigen abgeben kann“ (Eph 4,28).

Jesus hat sich allen Menschen zugewandt, den Armen und den Reichen. In der Begegnung mit Jesus erlebt der Oberzollbeamte Zachäus die Heilung. Er gibt den Armen die Hälfte seines Vermögens und den Betrogenen das Vierfache der Betrugssumme zurück (Lk 19,1–10). – Dem reichen jungen Mann aus der sozialen Oberschicht, der wirkliches Leben sucht und die Gebote von Jugend auf befolgt hat, rät Jesus, den Besitz zu verkaufen, das Geld den Armen zu geben, damit er einen Schatz im Himmel anlegen kann, und Jesus ganz und gar nachzufolgen (Lk 18,18–30). – In den Gleichnissen verdeutlicht Jesus an „normalen“ Vorgängen des Wirtschaftslebens, wie es sich mit dem Reich Gottes verhält und wie sich deshalb Christen verhalten sollen. Im Gleichnis von den „anvertrauten Pfunden“ lobt er wirtschaftliches, ertragsorientiertes Handeln mit Gewinnorientierung (Lk 19,11–27). – Im Gleichnis vom „Zinsgroschen“ wird die hinterlistige Steuerfrage mit sachgemäßer Zuordnung der steuerlichen Abgaben an den Staat (Gemeinwesen) und der Letztverantwortung des Menschen vor Gott beantwortet (Lk 20,20–26).

Die Jerusalemer Urgemeinde war beim ganzen Volk beliebt, weil keiner das, was er hatte, sein Eigentum nur für sich nannte, sondern „sie hatten alles gemeinsam“. Die Urgemeinde war zwar keine straff organisierte Eigentums- und Produktionsgemeinschaft. Aber die geistlichen Gaben wie der materielle Besitz dienten allen gemeinsam. Die Begüterten „verkauften Güter und Habe“ und teilten sie aus unter alle, „je nach dem es einer nötig hatte“. Also: Sie gaben jedem so viel, wie er benötigte (Apg 2,44; 4,32–37).

Paulus erwirtschaftete Erträge aus eigener handwerklicher Arbeit und trug damit zur Finanzierung seines Missionswerkes bei. Zugleich verteidigte er das Recht von Missionaren auf finanzielle Sicherung des Lebensunterhaltes durch die Gemeinden (Apg 18,3; 20,33–35; 1 Kor 9,6–18). Er erbat von den Gemeinden eine Kollekte zur Finanzierung der Urgemeinde in Jerusalem. Dieser weltweite Finanzausgleich ist die Urform ökumenischen Teilens und ökumenischer Diakonie (1 Kor 16,1–4; Gal 2,10).

So ist im Neuen Testament der Umgang mit Armut und Reichtum, Eigentum und Besitz eine Geschichte des Teilens und des Dienens mit den je eigenen Gaben.

Die theologischen Positionen zu Wohlstand und Armut haben in der Geschichte der Christenheit immer wieder zu Auseinandersetzungen über Leitbild und Gestalt der Kirche geführt. Von Zeit zu Zeit, mit je unterschiedlichen Schwerpunkten und unterschiedlicher Intensität, werden Begriffe wie Mehrheits- bzw. Minderheitskirche, Volkskirche wie Freiwilligkeitskirche diskutiert. „Selig sind die geistlich Armen ..." ist kein Plädoyer für totale Armut und absoluten Eigentumsverzicht. Diese Seligpreisung Jesu preist die glücklich, die in jeder Hinsicht „arm" dran sind. Es sind Menschen, die am Ende ihrer Kraft nichts Eigenes mehr haben, was ihnen Stolz und Zuversicht erlaubt. Die, wie Kinder, alles von der Gnade Gottes erwarten, denen gehört der Himmel Gottes.

> „Seid so unter euch gesinnt, wie es der Gemeinschaft in Jesus Christus entspricht: Er, der in göttlicher Gestalt war, hielt es nicht für einen Raub, Gott gleich zu sein, sondern entäußerte sich selbst, nahm Knechtsgestalt an, ward den Menschen gleich und der Erscheinung nach als Mensch erkannt." (Phil 2,5–7)

Dieses Bibelwort bildete die theologische Grundlage für die angemessene Beschreibung der gegenwärtigen Position der Kirche und ihrer Mitwirkung an der Gestaltung der Gesellschaft. Es half und hilft, das politische Mandat der Kirche vor und während der Amtszeit Jochen Bohls wahrzunehmen.

3. *Kirche in der Mitte der Gesellschaft*

Im Unterschied zu denen, die eine Kirche wollten, die weder der Beliebigkeit noch der Anpassung folgt, wünschten sich vor allem auch viele neu in politische Verantwortung gewählte Christen weniger Distanz der Kirche in gesellschaftlichen Fragen. Sie versuchten mit aller Kraft, ein neues, demokratisches Staatswesen mitzugestalten. Sie halfen mit, gesetzliche Rahmenbedingungen zu schaffen, in denen Kirche auftragsgemäß die „Gottesfrage wachhalten", zu „Lebensfragen des Volkes Stellung nehmen" und sich „barmherzig um Schwache, Bedrängte und Behinderte kümmern" kann. Kirche

sollte ihre missionarischen Möglichkeiten nutzen und gesellschaftliche Mitverantwortung übernehmen.
Zwischen diesen unterschiedlichen Erwartungen an unsere Kirche haben wir versucht, als „Kirche für das Volk", als „Kirche in der Öffentlichkeit" die Lebensprozesse und Auseinandersetzungen mitzugestalten, ohne sich missbrauchbar anzupassen. Unsere Kirche, vertreten durch die Synode, den Landesbischof und das Landeskirchenamt, hat sich bemüht, nicht einfach dem „Zeitgeist" zu folgen, sondern auftragsgemäß „Zeitansagen" zu wagen.
„Die Gottesfrage wachzuhalten" verpflichtet die Kirche, Gottes Wort weiterzugeben und die religiösen Dimensionen des Lebens aufzuspüren. Sie sind eine Wirklichkeit, die nicht unterschätzt werden darf. Jeder Mensch weiß, zumindest ahnt er, dass sein Leben ein Geschenk und begrenzt ist. Jeder erhält es wie einen Kredit, für den er verantwortlich und rechenschaftspflichtig ist. Jeder hat Verantwortung vor Gott und den Menschen, im Leben wie im Sterben. Wer das in seiner „Welt-Anschauung" übersieht oder übergeht, bekommt die Folgen persönlich oder in den gesellschaftlichen Entwicklungen zu spüren.
„Zu Lebensfragen des Volkes Stellung zu nehmen" fordert die Kirche zu wacher Aufmerksamkeit für gesellschaftliche Entwicklungen und Gefährdungen und daraus folgenden Wortmeldungen in der Öffentlichkeit der Gesellschaft auf. Es bedeutet aber auch, dass Kirche nahe bei den Menschen und an den Brennpunkten präsent ist und sich mit ihrer menschlichen, fachlichen und geistlichen Kompetenz einbringt. „Sich barmherzig um Schwache, Bedrängte und Behinderte zu kümmern" nötigt die Kirche, nicht nur mit Worten, sondern mit praktischer und geistlicher Hilfe, diakonisch hilfreich und heilend, spürbar präsent zu sein. Deswegen titelte ich die Dokumentation des Kirchenleitungsberichtes 1998: *Kirche in der Mitte der Gesellschaft*.
Nach den freien Wahlen 1990 stand für den Sächsischen Landtag in Dresden kein anderer geeigneter Raum zur Verfügung als das Haus der Kirche. Deswegen tagten die Abgeordneten des Landtages in dem gerade fertiggestellten Festsaal in der Dreikönigskirche. Diese 1945 zerstörte Kirche war mit Finanzmitteln aus dem Sonderbauprogramm der EKD zwischen 1984 und 1990 wieder aufgebaut worden. Weitblickend

und unter Ausnutzung des Verhandlungsspielraums hatte der Präsident des Landeskirchenamtes, Dr. Kurt Domsch, erreicht, dass ein Teil als Kirchraum für die Kirchgemeinde aufgebaut werden konnte. Der andere Teil wurde als „Haus der Kirche" gestaltet. Es sollte übergemeindlich genutzt werden und besonders zur öffentlichen Auseinandersetzung mit Themen zu Gott und der Welt dienen.

Den Festsaal des Hauses der Kirche prägt das große Wandbild von Werner Juza, „Versöhnung". Im Mittelpunkt steht das Kreuz. Der heruntergekommene Gott durchkreuzt allen Machtmissbrauch und alle Machtgier gesichtsloser, mit Orden geschmückter Mächtiger, ihrer Propagandisten und ihrer instrumentalisierten Polizei und Armee. Das Kreuz Jesu Christi stabilisiert aber das Rückgrat der wehrlosen, ohnmächtigen Menschen. Es befähigt durch den Glauben zum „aufrechten Gang" und zur Zivilcourage. Die einzelnen Motive bilden die erlebte Wirklichkeit auch in der Zeit der Friedlichen Revolution ab. In diesem Festsaal des „Hauses der Kirche" mit dem Wandbild „Versöhnung" konstituierte sich am 27. Oktober 1990 der Sächsische Landtag und nutzte ihn für seine Plenarsitzungen. Hier wurde am 27. Mai 1992 die sächsische Verfassung beschlossen und verkündet. Sie legt fest, dass der Freistaat Sachsen nicht nur ein demokratischer und sozialer Rechtsstaat ist, sondern sich auch dem Schutz der natürlichen Lebensgrundlagen und der Kultur verpflichtet weiß.

In der Präambel der Verfassung sind die Optionen der Ökumenischen Versammlung vom April 1989 verankert: „[...] eingedenk eigener Schuld an seiner Vergangenheit, von dem Willen geleitet, der Gerechtigkeit, dem Frieden und der Bewahrung der Schöpfung zu dienen".

4. *Akzentsetzungen der neu gewählten Abgeordneten vor dem Wandbild „Versöhnung"*

Mit dem großen Wandbild „Versöhnung" vor Augen haben die Abgeordneten die gesetzlichen Voraussetzungen geschaffen, um den Aufbau einer modernen Infrastruktur und einer erfolgreichen Wirtschaft in Sachsen zu ermöglichen. Dank der Solidarität

Wandbild von W. Juza: „Versöhnung" aus dem Festsaal der Dreikönigskirche

und der finanziellen Unterstützung der alten Bundesländer und des Engagements der Bürger Sachsens wurde vieles umgesetzt.

Als frei gewählte Landtagsabgeordnete haben Christen wie Nichtchristen sich auch der geistigen und geistlichen Wurzeln unserer Demokratie erinnert. Beispielsweise haben sie die Bedeutung der Buße für gesellschaftliche Entwicklungen nicht vergessen. Sie sorgten dafür, dass in Sachsen, als einzigem Bundesland, der Bußtag nicht zur Finanzierung der Pflegeversicherung ein Werktag wurde, sondern Feiertag zur Buße blieb. Christen wie Dr. Fritz Hähle, als Fraktionsvorsitzender, und Dr. Hans Geisler, als Gesundheitsminister, erinnerten an die Wirkung von Buße im Rahmen der Friedensdekade und für die Friedliche Revolution. Ich habe selbst, vor allem im Chemnitzer Raum, Gottesdienste zum Bußtag miterlebt, in denen gewählte, verantwortliche

Politiker und Gottesdienstbesucher politische Entscheidungen geistlich bedacht haben. Es gab auch Punkte, wo Politiker anders entschieden haben, als das die Gemeindeglieder gedacht haben. Dann wurde wechselseitig argumentiert und das Problem von beiden Seiten bußfertig und in der Fürbitte füreinander vor Gott gebracht.

In Verantwortung vor Gott und den Menschen haben sich die Abgeordneten auf allen Ebenen besonders bemüht, die frühere staatspolitische Indoktrination der Bildung durch die marxistische Ideologie und atheistische Weltanschauung des sozialistischen Bildungssystems zu überwinden. Die Grundwerte humanistischer Bildung wie auch das christliche Menschenbild wurden neue Leitziele für die Schulgesetze.

Als 2004 das zweite Schulgesetz zur Umsetzung eines besseren Schulkonzeptes zur Abstimmung stand, hatten mein katholischer Mitstreiter, Ordinariatsrat Wilfried

Lenssen, und ich vorgeschlagen, dass die Bedeutung der christlichen Tradition eingearbeitet würde. Nun heißt es im sächsischen Schulgesetz, dass der Wertekanon „anknüpfend an die christliche Tradition im Europäischen Kulturkreis" zu vermitteln ist. In der Begründung zum Entwurf des Gesetzes über Schulen in freier Trägerschaft steht von Anfang an: „Es ist die Entscheidung der Staatsregierung, nicht nur ein Existenzminimum für Schulen in freier Trägerschaft zu garantieren, sondern darüber hinaus Chancengleichheit zwischen öffentlichen Schulen und solchen in freier Trägerschaft herbeizuführen."

Zwar hat die Staatsregierung bald nach dem Erlass des Gesetzes, im Rahmen der Haushaltbegleitgesetze, Sparmaßnahmen durch Verlängerung der Wartefrist oder durch Verminderung der Finanzierung in Form der Veränderung der Förderrichtlinien eingeleitet. Entsprechend dem Selbstverständnis von der „Kirche in der Mitte der Gesellschaft" haben wir, der Landesbischof, das Landeskirchenamt und die Landessynode, zusammen mit der Katholischen Kirche immer wieder interveniert. Zwar hat der Sächsische Verfassungsgerichtshof erst 2014 den Freistaat zur Einhaltung des Gesetzes und zur Nachzahlung an die Freien Schulen verpflichtet. Aber die Interventionen waren nicht vergeblich.

5. Kirche in der Mitte der Gesellschaft ...

... war auch der Titel für den Kirchenleitungsbericht zehn Jahre nach der Friedlichen Revolution. Vor allem Superintendent Thomas Küttler hatte ihn konzipiert. Ich durfte daran mitwirken. Gemeinsam formulierten wir, dass die Evangelisch-Lutherische Landeskirche sowohl Mitträgerin des Umbruchs als auch Mitbetroffene des gesellschaftlichen Wandels und Mitgestalterin der gesellschaftlichen Gegenwart ist.

Durch alle Zeiten hat unsere Kirche um eine angemessene Beschreibung ihrer Mitwirkung an der Gestaltung der Gesellschaft gerungen. Auf der Grundlage der Zwei-Reiche-Lehre haben sich die theologischen Ansätze vom „Wächteramt der Kirche" über das „begrenzte politische Mandat" nun zur „Kirche in der Mitte der Gesellschaft" als Standortbestimmung entwickelt. Mit dem „Wächteramt der Kirche" wurde kein

Herrschaftsanspruch über den Staat erhoben. Vielmehr beschrieb diese Position die Aufgabe, wie ein Wächter die Stimme zu erheben, wenn das Gemeinwesen in Gefahr war und Macht missbraucht wurde.

Die Formel vom „begrenzten politischen Mandat" wurde von Landesbischof Dr. Hempel entwickelt und war auf die Machtverhältnisse der DDR zugeschnitten. Sie besagte, dass auch unter diktatorischen Bedingungen die Kirche den Auftrag hat, zu Lebensfragen des Volkes Stellung zu nehmen, die Gottesfrage wachzuhalten und sich für Menschen mit Behinderungen einzusetzen. Sie hat dazu nur die Macht des Wortes. Sie ist nicht dazu berufen, als Kirche die Machtverhältnisse mit politischen Mitteln zu verändern. Aber als einzige gesetzlich legitimierte, aber nicht in die Machtmechanismen integrierte gesellschaftliche Größe kann und muss sie sich zu Wort melden.

Mit der Position „Kirche in der Mitte der Gesellschaft" sollte gesagt werden: Wie Jesus Christus, als Gottes Sohn, den Himmel nicht wie einen Raub als seinen Besitz festhielt, sondern ihn verließ, Knechtsgestalt annahm, Menschenkind wurde und auf der Erde präsent war, sich für die Menschen aufopferte und durch seinen Tod und seine Auferstehung uns Menschen wieder „erbberechtigt für den Himmel machte" (Phil 2,5 ff.), so will unsere Kirche, in seiner Nachfolge, sich nicht hinter Kirchenmauern zurückziehen. Sie will, wie die meisten Kirchengebäude, mitten im Dorf stehen, mitten in der Gesellschaft wirken. „Kirche in der Mitte der Gesellschaft" besagt: Kirche ist weder ein angepasster Teil der Gesellschaft noch steht sie prinzipiell konträr gegen sie. Kirche wie ihre Kirchgemeindeglieder sind „Salz der Erde". Insofern wirkt Kirche „inmitten" der Gesellschaft. Sie wird auch häufig „quer" zu ihr stehen, wenn sie Gottes Stimme in die Gesellschaft einbringt. Sie wird „in Frage stellen", wo Menschen keine Hoffnung mehr haben. Sie wird „hinterfragen", wo zu einfache Antworten den Menschen einer Gesellschaft genügen. Kirche muss „rufen und schreien", wo Ungerechtigkeit und Bürokratisierung die Gesellschaft gefährden, wo Menschen an den Rand geraten und Absturzgefahr für sie besteht. Sie hat mit dafür zu sorgen, dass der Geist der Freiheit und der Achtung auch gegenüber Andersdenkenden Grundton der Gesellschaft bleibt bzw. wird.

„Kirche in der Mitte der Gesellschaft" meint, nicht abseits zu stehen, sondern in der Nähe der Menschen zu sein, gleich, ob sie zur Kirche gehören oder nicht; in menschlicher Kompetenz barmherzig mitzuwirken. „Kirche in der Mitte der Gesellschaft“ heißt, sich an den Brennpunkten zu Wort zu melden; sich nicht an den Problemen „vorbeizumogeln“, sondern mit sachlicher Kompetenz präsent zu sein. „Kirche in der Mitte der Gesellschaft“ besagt vor allem auch, sich mit geistlicher Kompetenz einzubringen, sich nicht vom Zeitgeist in Beschlag nehmen zu lassen, sondern Zeitansagen von der Bibel her, als Gottes Wort zu wagen. So heißt es im Kirchenleitungsbericht.

Deshalb ließ sich vor und in der Amtszeit von Landesbischof Jochen Bohl das politische Mandat der Evangelisch-Lutherischen Landeskirche Sachsens mit *Kirche in der Mitte der Gesellschaft* beschreiben. Es geht um Kirche, die in der Gesellschaft präsent ist, aber sich nicht auf die Erde fixieren lässt, sondern den Himmel im Blick behält.

Dresdner Frauenkirche

Thomas de Maizière

Der Öffentlichkeitsanspruch des Evangeliums aus Sicht der Politik

Das Christentum hat Deutschland und Europa seit Jahrhunderten geprägt. Kirchen und Klöster geben davon ein überall sichtbares Zeugnis. Präsenz und Wirken des Christentums zeigen sich aber auch im Alltag: Christliche Schulen, Kindergärten und Sozialhilfeverbände, evangelische Kirchentage und Katholikentage sind genauso Ausdruck christlichen Wirkens wie öffentliche Stellungnahmen der Kirchen zu grundlegenden ethischen und gesellschaftlichen Fragen. Tendenziell nimmt die Wahrnehmung des Christentums in der Öffentlichkeit jedoch wohl eher ab. Zwar sind gegenwärtig noch rund 60 Prozent der Bürger Mitglieder christlicher Kirchen, doch ihr Anteil schrumpft.

Welche Bedeutung hat der Öffentlichkeitsanspruch des Evangeliums heute und morgen für Kirchen, Gesellschaft und Politik? Diese Frage versuchte bereits im Jahr 1938 der reformierte Theologe und Pfarrer Alfred de Quervain mit seiner Schrift „Der Öffentlichkeitsanspruch des Evangeliums" zu beantworten. Es war die Zeit der nationalsozialistischen Schreckensherrschaft, das Jahr der sogenannten Reichskristallnacht, der Pogrome gegen Juden. Die Nazis beobachteten genau, was in den Kirchen gepredigt wurde. Für die Kirche war es daher wichtig, sich Rechenschaft zu geben, was sie predigen konnte und – angesichts des Öffentlichkeitsanspruchs des Evangeliums – predigen musste. Alfred de Quervain schrieb zur damaligen Situation:

„Wenn heute aber auch so leidenschaftlich gegen die Predigt, gegen die Gemeinde Jesu Christi geeifert wird, so haben wir Anlass genug, uns wieder einmal Rechenschaft zu geben über die Dinge, um die es geht. Vielleicht wird auch einmal wieder Druck von der Kirche abgenommen. Es bleibt die Frage nach dem Sinn der Predigt, nach dem Wandel dessen, der ein Hörer und Täter des Wortes ist."[1]

Heute stellt sich die Frage nach dem Öffentlichkeitsanspruchs des Evangeliums gewiss ganz anders. Die Kirche bewegt sich in unserem freiheitlich-demokratisch verfassten Staat. Sie verkündet ihre Botschaft in einer Gesellschaft, deren öffentliches Meinungsbild von säkularem Denken geprägt ist. Sie muss überzeugen in einer Zeit, die durch eine zunehmende – auch religiöse – Pluralität gekennzeichnet ist, in der regelmäßige Gottesdienstbesuche für die meisten Menschen selten geworden sind und in der wichtige Grundfragen – wie die nach dem Sinn des Lebens – nicht mehr automatisch nach der christlichen Wertelehre entschieden werden.

Heute geht es also nicht – wie 1938 – um die Frage, ob und wie die Kirche ihrem Verkündigungsauftrag überhaupt nachkommen kann. Heute geht es für die Kirche vielmehr um die Frage, wie sie ihrem Öffentlichkeitsanspruch heute noch *wirkungsvoll* gerecht werden will und kann. Um diese Frage besser einordnen zu können, möchte ich zunächst einmal die eher grundsätzliche Frage nach dem Kern des kirchlichen Auftrags stellen.

Ein wichtiger Auftrag der Kirche ist sicher auch heute noch die *Seelsorge*, die praktische Sorge um das Heil des Einzelnen. Die Kirche hilft dem Menschen, aus dem Glauben Halt für sein Leben zu finden. Sie steht zur Seite, gibt Orientierung und spendet Trost. Gerade in meiner Zeit als Verteidigungsminister hat mich zum Beispiel immer wieder berührt, wie essentiell wichtig die Militärseelsorge für unsere Frauen und Männer im Einsatz ist.

Sichtbar wird die Kirche im Alltag aber auch durch ihre soziale Aufgabe, die Diakonie. Sie nimmt sich der Menschen in körperlicher Not und seelischer Bedrängnis an und

---

1 Alfred de Quervain, Der Öffentlichkeitsanspruch des Evangeliums, Elberfeld 1938, 4.

Alfred de Quervain

ist damit wohl der unmittelbarste Ausdruck christlicher Nächstenliebe. Das Diakonische Werk und die Caritas sind heute unter den größten Arbeitgebern in Deutschland.

Die erste Aufgabe der Kirche ist es aber nach meiner Meinung, das Evangelium einladend in die Welt zu bringen, die frohe Botschaft von Jesus Christus zu verkündigen, Glauben zu leben.

Die EKD spricht im Hinblick auf die Verkündigung in einem ihrer Grundsatztexte von dem „vornehmsten und wichtigsten Auftrag der Kirche". Die Kirchen möchten den Menschen „die Augen öffnen für die Wahrheit und Schönheit der christlichen Botschaft". Dies kann auf verschiedene Art und Weise geschehen. Ein zentraler Ort der Verkündigung ist traditionell die Predigt. In ihr wird das Wort Gottes ausgelegt und verkündet – auf der Grundlage der Heiligen Schrift. Das Wort Gottes auslegen und verkünden – das kann jedoch auch die Stellungnahme zu aktuellen politischen Fragen von der Kanzel aus umfassen. Wird die Kanzel deshalb zu einem politischen Platz, einem geeigneten Ort für politische Botschaften? Meine persönliche Erfahrung ist: Dies wird in den Gemeinden unseres Landes *sehr* unterschiedlich gehandhabt. Wie ist es hier in Sachsen? Wo hört die Auslegung auf? Oder besser gesagt: Wo fängt die politische Botschaft an, die jenseits des Auftrages der Kirche ist? Können wir beides überhaupt scharf abgrenzen? Wollen wir beides scharf abgrenzen? Hier sind wir bereits mitten im Thema. Ich werde gleich darauf zurückkommen.

Verkündigung, Seelsorge und Diakonie – durch alle drei Aufgaben legt die Kirche ein sehr lebendiges Zeugnis von der christlichen Botschaft ab. Darüber hinausgehend fand sich jedoch in einigen Verfassungen der Landeskirchen noch bis vor Kurzem der Begriff des „Wächteramtes" der Kirche. Was das *genau* ist, darüber gibt und gab es allerdings sehr unterschiedliche Vorstellungen. Der Reformator Martin Luther hat

bei der Auslegung des 82. Psalms vom Wächteramt gesprochen. Für Luther war es Aufgabe der *Kirche*, den Staat an *seine* Verantwortung vor Gott zu erinnern.
Im Kern steht für Luther jedoch die Lehre von den zwei Regimenten. Auch die 5. These der Barmer Theologischen Erklärung von 1934 deutet eine Wächterfunktion der Kirche an. Die Kirche habe die Aufgabe, „an Gottes Reich, an Gottes Gebot und Gerechtigkeit und damit an die Verantwortung der Regierenden und Regierten [zu] erinnern". Man beachte die Reihenfolge dessen, woran die Kirche erinnern soll: zuerst an das Reich Gottes, dann an das Weltliche! Nicht nur die „politische Klasse" ist in die Pflicht genommen – sondern beide gemeinsam, die Regierenden und die Regierten.
Für Dietrich Bonhoeffer gehörte das Nachdenken über das Verhältnis zwischen Staat und Kirche zum Kern seines Denkens. In seinem Artikel „Die Kirche vor der Judenfrage" beschrieb er drei Formen, in denen die Kirche ihre Verantwortung gegenüber dem Staat wahrnehmen muss: An erster Stelle steht für Bonhoeffer die an den Staat gerichtete Frage nach dem legitimen staatlichen Charakter seines Handelns. An zweiter Stelle steht der Dienst an den „Opfern" des Staatshandelns (auch wenn diese nicht zur christlichen Gemeinde gehören).
Die dritte Form besteht für Bonhoeffer jedoch darin – ich zitiere –, „nicht nur die Opfer unter dem Rad zu verbinden, sondern dem Rad selbst in die Speichen zu fallen". Hier sind wir wieder bei den eingangs zitierten Gedanken Alfred de Quervains: Im Nationalsozialismus und später in der DDR hatte die evangelische Kirche auch hier in Sachsen wahre Zerreißproben zu bestehen. Teilweise hat sie sich blenden und gleichschalten lassen, teilweise ist sie in den aktiven Widerstand gegangen. Teils hat sie ihre Tore geöffnet: „Macht hoch die Tür" – ich denke hier zum Beispiel an Leipzig.
Wie sieht es heute aus – in Zeiten größter politischer und gesellschaftlicher Freiheit, jedenfalls in unserem Land? Rechtsstaat und Gewaltenteilung bieten unseren Bürgern den wohl bestmöglichen Schutz – auch vor staatlicher Willkür – und die größtmögliche Chance zur Mitwirkung und Einmischung. Wozu brauchen wir noch ein Wächteramt der Kirche – und worüber soll überhaupt gewacht werden?

Neben die Frage nach der *Notwendigkeit* eines Wächteramtes tritt wohl auch die Frage nach der Legitimation. Mit welcher Legitimation *könnte* die Kirche heute überhaupt noch eine Wächterfunktion in der Demokratie wahrnehmen?

Der Gesetzgeber ist demokratisch legitimiert. Die Kirche vertritt zunächst ihre Mitglieder – die zudem immer weniger werden: Während der Anteil der evangelischen Christen in Westdeutschland 1956 bei einer Einwohnerzahl von 53 Mio. Menschen mit 26,7 Mio. bei knapp über 50 Prozent lag, der Anteil der Katholiken mit 24,5 Mio. bei 46 Prozent, betrug der Anteil der Einwohner, die einer anderen oder gar keiner Religionsgemeinschaft angehörten, mit 2,1 Mio. rund vier Prozent.[2]

Im Jahr 2012 hatten sich die Gewichte deutlich verschoben. Bei einer Einwohnerzahl Deutschlands von 80,5 Mio. betrug der Anteil der evangelischen Christen mit 23,3 Mio. rund 29 Prozent, der Katholiken mit 24,3 Mio. rund 31 Prozent und der Anteil der Einwohner mit einer anderen oder gar keiner Religionszugehörigkeit mit 32,4 Mio. Personen rund 40 Prozent.

Korrespondierend zum Rückgang der christlichen Religiosität und der Zugehörigkeit zu christlichen Kirchen wächst der Anteil der Menschen in Deutschland, die keiner Religionsgemeinschaft angehören oder die sich zu anderen Religionen bekennen. So ist nach dem Christentum der Islam inzwischen die zweitgrößte Religion in Deutschland. Ihm gehören mit 3,8 bis 4,3 Mio. Muslimen rund fünf Prozent der Gesamtbevölkerung an.[3] Wie würden wir reagieren, wenn muslimische Vertreter eine Wächterstellung des Islam gegenüber unserem demokratischen Staat in Anspruch nehmen würden?

Sollten sich die christlichen Kirchen angesichts sinkender Mitgliedszahlen aus der Öffentlichkeit zurückziehen und auf alles Politische verzichten? Droht sonst die Gefahr einer Verweltlichung? Die Verwässerung ihrer Botschaft? Oder ist es gerade umgekehrt? Bedeutet nur eine Verweltlichung die Chance auf neue Mitglieder? Verschreckt man potentielle Mitglieder mit dem Rückzug ins eng Kirchliche? Auch hier gibt es sehr unterschiedliche Antworten.

---

[2] Joachim Eicken/Ansgar Schmitz-Veltin, Die Entwicklung der Kirchenmitglieder in Deutschland, in: Wirtschaft und Statistik 6/2010, 576.589.

[3] Internet-Seite des Bundesministeriums des Innern, Artikel „Islam in Deutschland" vom 29.05.2013.

Wir dürfen bei all diesen Fragen aber nicht vergessen, dass sich die genannten Zahlen nur auf Deutschland beziehen. Einen globalen Trend geben sie nicht wieder. Im Gegenteil: Von einem allgemeinen Nachlassen des Einflusses der Kirchen kann nämlich – global betrachtet – keine Rede sein. Gerade in Amerika und Afrika verzeichnen christliche Glaubensgemeinschaften große Zuwächse.

Sehr ernst nehmen müssen die Kirchen in Deutschland jedoch den Umstand, dass auch unter ihren eigenen Mitgliedern ein tiefgreifender Wandel im Hinblick auf die aktive Teilhabe an Predigt und Gottesdienst zu beobachten ist. So erreicht die Predigt „als die eigentliche öffentliche Handlung der Kirchen“[4] immer weniger Menschen. Im Jahr 2013 besuchten lediglich 2,6 Mio. Katholiken, das sind 10,8 Prozent der Kirchenmitglieder, einen katholischen Sonntagsgottesdienst.[5] Bei der Evangelischen Kirche waren es 850.000 Menschen oder 3,6 Prozent der Kirchenmitglieder.[6] Das sind drastische Zahlen. Für mich als Christ ist diese Entwicklung jedoch kein Grund, pessimistisch zu sein und alten Zeiten hinterherzutrauern. Es ist an uns Christen, klug und mutig mit diesem Wandel umzugehen.

Vielleicht wird der klassische Sonntagsgottesdienst künftig nicht mehr die eigentlich wirksame öffentliche Handlung der Kirche sein. Ist es nicht eine spannende Aufgabe, Konzepte zu entwickeln, mit denen die Kirchen Menschen auch außerhalb der traditionellen Räume der Kirche erfolgreich erreichen können? Und zwar nicht mit „Events“, sondern mit der Verkündigung der frohen Botschaft? Hinzu kommt: Auch andere Formen gesellschaftlicher Teilhabe haben sich in den letzten Jahren stark gewandelt. Als Politiker denke ich hier zum Beispiel an den Wandel, der in den letzten Jahren im Hinblick auf die Plenardebatten im Deutschen Bundestag stattgefunden hat.

Waren diese Reden und Diskussionen früher der *eigentliche* Schauplatz der politischen Auseinandersetzung, so interessieren sie heute sogar viele Abgeordnete nicht mehr. Als Abgeordneter, aber auch als Minister, der manchmal mit nur einer Handvoll

---

[4] Formulierung von Alfred de Quervain, a. a. O. (s. Anm. 1), 7.

[5] Sekretariat der Deutschen Bischofskonferenz (Hg.), Katholische Kirche in Deutschland, Zahlen und Fakten 2013/2014, 16.

[6] EKD (Hg.), Evangelische Kirche in Deutschland, Zahlen und Fakten zum kirchlichen Leben 2014, 14.

Kollegen über Einsätze der Bundeswehr diskutierte, ist das mitunter eine schmerzhafte Erfahrung gewesen.

Der Staat, die politischen Parteien, die Medien, die Kultur und viele andere „Orientierer“ müssen auf diesen Wandel reagieren – auch im Hinblick auf die demokratischen Beteiligungsformen. Und sie tun es auch – mit unterschiedlichen Mitteln und unterschiedlichem Erfolg.

Politik und Kirche stehen heute beide vor einer ähnlichen Aufgabe: der Aufgabe, auf gesellschaftliche Veränderungen zu reagieren und dabei die Menschen nicht zu verlieren.

Beide müssen ihre Formen des Handelns an die sich verändernden gesellschaftlichen Bedingungen anpassen, ohne einem modischen Allerlei hinterherzulaufen. Beide debattieren intensiv – dabei vorzugsweise nach innen gerichtet – über zu hohes oder zu niedriges Reformtempo. Im staatlichen Bereich ist das Wort „Reform“ inzwischen ziemlich abgenutzt und viele Menschen verbinden damit leider vorwiegend Negatives. Wie ist das in der Kirche, in unseren Gemeinden? Kirchenmitglieder müssen – ebenso wie die Staatsbürger – davon überzeugt werden, dass sie nicht auf den richtigen Weg geführt werden, sondern dass sie gewissermaßen die Führung selbst übernehmen müssen. Nicht nur das „Schiff, das sich Gemeinde nennt“, sondern auch das „Staatsschiff“ wird seinen Weg in den sicheren Hafen und auf hoher See nur finden, wenn die Menschen auf dem Schiff aus eigener Überzeugung mithelfen und den Kurs bestimmen und nicht von irgendwelchen Lotsen oder Computerprogrammen abhängig sind.

Klar ist: Religion und Kirche werden sich künftig behaupten müssen, um im Wettbewerb der Weltanschauungen und der vielseitigen Ablenkungen bestehen zu können. Von selbst geht das nicht. Es ist an ihnen, ihr Alleinstellungsmerkmal, also ihren sakralen Kern zu vertreten. Ein Problem wird dabei sicherlich das Spannungsverhältnis zwischen „Kern“ und „Öffnung“ sein. Dabei geht es jedoch auch um die grundsätzliche Frage, wie wir „Kern“ definieren. Ist etwas „Kern“, nur weil wir es schon immer so gemacht haben? Wohl nicht, denn es geht um mehr als um Äußerlichkeiten. Der sakrale Kern ist universal, anspruchsvoll und fordernd – weit über die Kirche hinaus.

Dieser sakrale Kern ist es aber auch, der die eigentliche Anziehungskraft der Kirche ausmacht.
Gerade in einer Welt, die sich immer schneller verändert, die immer weniger Sicherheiten bietet, ist die Suche nach Sinn und Orientierung ebenso dringlich wie unübersehbar, auch wenn diese Suche bei den meisten Menschen wohl eher zu einer inneren Angelegenheit geworden ist. Dieses Verschieben der Suche nach Sinn und Orientierung in die innerste Gedankenwelt ändert jedoch nichts an der existentiellen Wichtigkeit dieser Frage. Im Gegenteil: Durch die Verlagerung in das Innerste kann die Frage für den Einzelnen sogar noch viel drängender werden. Ich denke hier an das traurige Phänomen der schnellen islamistischen Radikalisierung junger Menschen. Bei vielen dieser jungen Menschen stand sicherlich am Anfang auch die unbeantwortete Frage nach Sinn und Orientierung. An dieser Stelle ist unsere ganze Gesellschaft gefragt. Aber die Kirchen und die Religionen tragen hier eine ganz besondere Verantwortung. Das Bedürfnis, dem eigenen Leben einen Sinn zu geben, ist heute wohl ebenso groß wie zu allen Zeiten. Es war und ist die Aufgabe der Religionen, Antworten zu geben, mit denen auch junge Menschen etwas anfangen können. Angesichts unserer pluralen Gesellschaft betrifft das meiner Ansicht nach auch die Frage, wie man den interreligiösen Dialog künftig lebendiger gestalten kann.
Die Bedeutung der Religion – gerade für eine moderne Gesellschaft wie die unsere – liegt aus meiner Sicht (auch als Politiker) unter anderem darin, dass sie – wie kaum ein anderer – einseitigen Ansprüchen von wem auch immer etwas entgegensetzen kann. Ob man das „Wächteramt“ nennt oder anders – im Kern geht es wohl um zwei Dinge: Zum einen ermutigt der Glaube den *Einzelnen* zu innerer Freiheit und Stärke, um äußere Entwicklungen kritisch zu beurteilen. So heißt es im Brief des Apostels Paulus an die Gemeinde im griechischen Thessaloniki: „Prüfet alles. Das Gute behaltet.“
Zum anderen kann die Kirche als Institution Gesellschaft, Staat und Politik aufmerksam machen, indem sie Entwicklungen beschreibt oder nicht gutheißt, die der christlichen Botschaft, nicht aber der politischen Meinung einzelner Kirchenmitglieder oder Pastoren zuwiderlaufen. Die Kirchen müssen sich dazu jedoch – das wünsche ich mir jedenfalls als Mitglied der Evangelischen Kirche – unterscheidbar und frohgemut in

Ehepaar Muntschick vor dem Türsturz des ehemaligen Akademiegebäudes in Meißen

den Pluralismus der Bürgergesellschaft hinein begeben. Die ganze Kirche kann nicht Kloster sein. Kirche darf und soll *politisch* sein. Ein Leben als Eremit hinter dicken Mauern soll und darf die gesamte Kirche nicht führen.

Mir fällt als Abgrenzung hierzu das Gleichnis Jesu von den Arbeitern im Weinberg ein. Es ist ein Gleichnis, das sich auch politisch deuten lässt, ohne uns detaillierte Handlungsanweisungen zu geben: Die nacheinander eintrudelnden Tagelöhner bekommen, so schildern es die Evangelisten, am Ende ihres Arbeitstages alle den gleichen Lohn – auf dem Niveau dessen, der am längsten gearbeitet hat.

Diese Geschichte ist kein Plädoyer für den Einheitslohn. Das Gleichnis sagt uns einiges über Gottes Großmut und Barmherzigkeit. Es öffnet uns aber auch den biblischen Blick für das menschliche Miteinander: Es gibt keine absolute Gerechtigkeit. Aber untervorteilt werden soll auch niemand. Das ist durchaus eine politische Botschaft. Die Kirche hat die Freiheit, solche Botschaften in die politische Debatte einzubringen – nicht nur, aber auch! Aber daraus folgt nach meinem Verständnis nicht die Unterstützung der konkreten Forderung nach einem Mindestlohn von genau 8,50 Euro. Die Kirche sollte ihre eigene Sprache sprechen. Die Botschaft der Kirche muss anregend, ja aufregend sein. Sie soll verstören, ohne zu zerstören, soll Herz und Sinne öffnen für das, was in unserer Gesellschaft besser gemacht werden kann, sie darf nicht beliebig sein wie jede andere Meinungsäußerung.

Ich erinnere mich in diesem Zusammenhang daran, wie bei den Beratungen über die Änderung der Verfassung der Evangelisch-Lutherischen Landeskirche Sachsens, an denen ich beteiligt war, die Frage aufkam, ob die Synode „Kundgebungen" oder nicht besser „Erklärungen" abzugeben berechtigt sei, was weniger politisierend klingt. Wir haben darüber sehr intensiv und leidenschaftlich gestritten. Letztlich ist es dann doch – ganz zu meiner Freude – bei dem ursprünglichen Vorschlag geblieben (Verf. EVLKS, § 18 Abs. 2 Satz 3). Die Botschaft einer „Kundgebung" soll als „besonders" wahrgenommen werden, denn es ist nicht gut, wenn die Kirche dieselbe Sprache spricht wie der ADAC, der Deutsche Gewerkschaftsbund oder Verbraucherschutzverbände.

Ebenso wie auf die Sprache kommt es aber gerade in bewegten Zeiten wie diesen ganz entscheidend auch auf die Haltung an, auf das Verständnis, wie künftig Kirche sein soll. In einem handschriftlichen Briefentwurf aus dem bewegten Jahr 1922 schrieb Alfred de Quervain dazu:

> „Meine Arbeit in der Großstadt, gerade auch ihre soziale Seite, hat mir aber den Sinn der Kirche wieder näher gebracht. Ob Arbeitsgemeinschaft oder Gesinnungsgemeinschaft, ob religiöser Sozialismus oder Jugendbewegung, immer haftet diesen Bewegungen der Charakter des Ausschließlichen an. Sie vertreten einen bestimmten Standpunkt und suchen eindeutig abschließende Lösungen zu geben, indem sie die wahren Spannungen, die dialektische Bewegung der Wahrheit, übersehen. Wenn die Kirche ein Recht für sich gelten machen darf und nicht unbegründeter Weise neben den vielen anderen relativen Gemeinschaften einfach da steht, dann nur als Gemeinschaft der Suchenden, als Hinweis (nicht Verwirklichung) auf die Idee der Gemeinschaft, als Aufforderung, gemeinsam Gott zu suchen, als Mahnung, an den unsichtbaren, ungreifbaren, nicht erlebbaren Ursprung des Menschen und sein ebenso unanschauliches Ziel zu glauben."

In diesem Sinne ist das Wirken der Kirche durch Seelsorge, Diakonie und Verkündigung für mich in all diesen Facetten ein lebendiger Ausdruck des Öffentlichkeitsanspruchs des Evangeliums. Den Wandel, den wir gerade erleben, müssen wir Christen als „Gemeinschaft der Suchenden" aktiv gestalten, um den Verkündigungsauftrag der Kirche auch künftig wirkungsvoll wahrnehmen zu können.

„Alles vergehet, Gott aber stehet." So steht es auf dem Türsturz des ehemaligen Gebäudes der Evangelischen Akademie in Meißen geschrieben und nichts steht für mich so sinnbildlich dafür wie der Weg der Kirche durch die Zeit. Die Kirche ist ein Zeichen der Treue Gottes zu den Menschen. Sie ist von Gott gegründet und dem Menschen anvertraut. Als Christen sollten wir diese Verantwortung gerade in Zeiten des Wandels unverzagt annehmen, sie leben und sie selbstbewusst in die Welt tragen.

Klaus Fitschen

Das Reformationsjubiläum 2017 aus der Sicht eines Kirchenhistorikers[1]

Aus kirchenhistorischer Sicht über ein erst anstehendes Jubiläum zu schreiben, ist auf den ersten Blick paradox: Die Zukunft ist nicht das Arbeitsfeld des Historikers, und auch als Theologe wird der Kirchenhistoriker nicht allzu freigiebig mit Prognosen sein. Andererseits liegt das Reformationsjubiläum schon gar nicht mehr in der Zukunft, sondern hat durch die Reformationsdekade bereits begonnen. Der Kirchenhistoriker ist also als Zeitgeschichtler und Zeitgenosse durchaus gefragt, zumal wenn er zu denen gehört, die vor einer Historisierung und Musealisierung der Reformation warnen. Im Grunde genommen hat aber auch schon die Historisierung des Reformationsgedenkens eingesetzt, denn bereits zur Halbzeit der Reformationsdekade erschienen etliche Aufsätze, die sich mit dem Jubiläumsjahr 2017 und dem Weg dorthin befassten. Die EKD brachte ein „Lesebuch" mit dem Titel „Perspektiven 2017" heraus, in dem sich auch ein zuvor in der Berliner Theologischen Zeitschrift abgedruckter Beitrag mit einer Einführung zum Thema „Ratlos vor dem Reformationsjubiläum" fand.[2] Der prominente Historiker Hartmut Lehmann stellte in einem Aufsatz „Fragen

[1] Viele in diesem Beitrag zitierte Quellen sind durch eine einfache Stichwortsuche im Internet zu finden, sie sind darum nicht durch eine URL nachgewiesen.

[2] Katharina Greschat/Heinrich Holze, Vorwort zu „Ratlos vor dem Reformationsjubiläum 2017?", in: Berliner Theologische Zeitschrift 28, 2011, 9–13.

zur Halbzeit der Lutherdekade"[3]. Dabei thematisierte Lehmann nicht zuletzt die Frage danach, was eigentlich gefeiert werden sollte: Luther, die Reformation oder der Protestantismus, und zu diesen Facetten benannte Lehmann auch die dazugehörenden Probleme: Luthers Polemik gegen Papst, Türken, „Schwärmer" und Juden, die ungeklärte Frage, ob das Luthertum oder der Protestantismus insgesamt gemeint sei, und die Tatsache, dass aus der Reformation eben nicht automatisch die Moderne folgt.

1. *Auf der Suche nach dem richtigen Datum*

Das Jahr 2017 ist nur auf den ersten Blick ein fester Anker der Reformationserinnerung, auch wenn es auf eines der Urdaten dieser Reformationserinnerung verweist. Die Jahrhundertjubiläen des Thesenanschlags spielen in der deutschen Geschichte – natürlich nur in der protestantischen Bevölkerung, Kultur und Politik – zweifellos eine große Rolle: 1817 feierte man das Jubiläum zusammen mit der Erinnerung an die Befreiung von der französischen Fremdherrschaft unter Napoleon. Auf der Wartburg begingen Studenten – nur evangelische wiederum – ihr Fest, das eine nationale, aber auch antikatholische Manifestation war. Hundert Jahre später, 1917, stand das Jubiläum ganz im Zeichen der nun deutlich spürbaren Zweifel am Sinn der Fortsetzung des Ersten Weltkrieges, denen eine Heroisierung Luthers als Kämpfer mit eisernem Durchhaltewillen entgegengestellt wurde.

Als man zuletzt 1967 an das Jubiläum des Thesenanschlags erinnerte, tat man dies in spannungsreichen Zeiten: Die Lutherstätten lagen in der DDR, deren Führung zwischen der Gier nach internationaler Anerkennung und der Furcht vor westlicher Spionage schwankte. In deutschlandpolitischer (und dies hieß ja im Sinne der SED-Diktatur: in außenpolitischer) Hinsicht war das Datum für die DDR-Führung eine große Herausforderung. Da der Rat der EKD sich das Jubiläum zu eigen machte, war bald klar, dass es sich um ein Politikum handelte, zu dem westdeutsche Vertreter nur

---

3 Hartmut Lehmann, Fragen zur Halbzeit der Lutherdekade, in: Kirchliche Zeitgeschichte 26, 2013, 447–454.

Leisniger Kastenordnung im Stadtgut Leisnig

handverlesen zugelassen werden konnten.[4] Die Feiern wurden unabhängig von einem staatlichen und einem kirchlichen Komitee vorbereitet; dem staatlichen stand in seiner Funktion als stellvertretender Vorsitzender des Staatsrats der Vorsitzende der schon lange zur Filiale der SED degradierten CDU, Gerald Götting, vor. Götting bezog sich in seiner Festrede am 1. November in Wittenberg auf das normative sozialistische Geschichtsbild, zu dem nun auch ein Alleinvertretungsanspruch für die Reformation als Teil der sozialistisch-humanistischen Nationalgeschichte gehörte.[5]

Auch in Westdeutschland war die Feierfreude getrübt, vor allem dadurch, dass Erwin Iserloh 1961 seinen Aufsehen erregenden Vortrag gehalten hatte, der noch lange nachwirkte: „Der Thesenanschlag fand nicht statt“. Iserloh, ein Schüler Hubert Jedins, war ein auch unter evangelischen Fachkollegen respektierter katholischer Reformationshistoriker, und eigentlich war es auch keine weltbewegende Sensation, aus den Quellen herauszulesen, dass Luther seine 95 Thesen über Ablass und Gnade vielleicht gar nicht an die Tür der Wittenberger Schlosskirche genagelt, sondern sie

---

4 Kirchliches Jahrbuch 94, 1967, 190f.
5 Kirchliches Jahrbuch 94, 1967, 192–204.

schlichtweg verschickt hatte, doch traf Iserloh den Protestantismus an einer empfindlichen Stelle. Innerhalb der evangelischen Reformationsgeschichtsforschung wurde seine These ernsthaft diskutiert und später von einigen Vertretern der Zunft auch weiter befestigt, außerhalb der wissenschaftlichen Welt aber erzeugte Iserloh vielfach helles Entsetzen: Nachdem die Historizität der neutestamentlichen Jesusüberlieferung durch Rudolf Bultmann schwer angefochten war – auch das war alles andere als neu, aber die Debatten erreichten nun die Kirchengemeinden –, zertrümmerte Iserloh geradezu die Ikone des Protestantismus. Der Leipziger Kirchenhistoriker Franz Lau schrieb 1962: „Der Thesenanschlag war das allergewisseste Datum der Geschichte der Kirche, mindestens der evangelischen Kirche. Während immer wieder einmal bestritten worden ist, dass Jesus wirklich gelebt habe [...], stand der 31. Oktober als der Tag des Thesenanschlages außerhalb aller Diskussionen und allen Zweifels."[6] Zwar beruhigte sich die Diskussion dann auch wieder, sie flammte aber vor einigen Jahren wieder auf.[7]

Freilich war das Jahr 1517 nicht der einzige Kristallisationspunkt der Erinnerung: Gefeiert wurden auch das Jubiläum des Augsburger Bekenntnisses – oder das Jubiläum des Heidelberger Katechismus, Luthers Geburtsjahr – oder Calvins Geburtsjahr. Damit deutet sich schon an, dass innerhalb des Protestantismus kein gemeinsames verbindliches Datum anerkannt ist, was theologisch gesehen auch nachvollziehbar ist, da es ja kein „Gründungsdatum" der evangelischen Kirchen gibt, die sich selbst als Wiederherstellung der wahren, ursprünglichen Kirche verstanden. Andererseits steckt darin auch ein Dilemma, wenn man ein Reformationsjubiläum feiern will, das den gesamten Protestantismus repräsentiert – jedenfalls den historischen, bis auf das 16. Jahrhundert zurückgehenden.

---

6 Franz Lau, Die gegenwärtige Diskussion um Luthers Thesenanschlag, in: Lutherjahrbuch 34, 1967, 11–59, hier 13f.

7 Vgl. die Beiträge in: Joachim Ott/Martin Treu (Hg.), Luthers Thesenanschlag – Faktum oder Fiktion?, Leipzig 2008.

2. *Der Gegenstand der Erinnerung in Jubiläumsjahr und Reformationsdekade*

Dass die mit dem Jubiläumsjahr 2017 verbundene Erinnerung im Kern auf Luther fokussiert ist, zeigt das Jubiläumsmotto zu „Luther 2017“: „Am Anfang war das Wort. Luther 2017. 500 Jahre Reformation“. Nicht zufällig und durchaus in Konkurrenz zur Luther-Memoria ist die Erinnerung an den Genfer Reformator Johannes Calvin in den letzten Jahren auch in Deutschland stärker hervorgetreten, vor allem im 500. Jubiläumsjahr seiner Geburt, 2009.

So lässt sich auch eine gewisse, innerprotestantisch-konfessionelle Erinnerungskonkurrenz feststellen, und dafür steht vor allem die in den Niederlanden beheimatete Plattform „Refo500“. Zwar wird diese Plattform von einer Stiftung gleichen Namens betrieben, die Wert darauf legt, über den Kirchen zu stehen, doch ist eine reformierte Prägung nicht zu übersehen. Das Jahr 2017 spielt auch hier eine Rolle, die Zahl 500 bezieht sich aber auf einen Rahmen von Luthers Geburt im Jahre 1483 bis zum Ende des Dreißigjährigen Krieges. Statt Luther wird konzeptionell die Vielgestaltigkeit der Reformation betont, natürlich auch im Blick auf die Toleranzgeschichte der Niederlande. Ähnlich wie bei „Luther 2017“ sieht das Ziel aber so aus: „Anlässlich des 500. Jubiläums der Reformation möchte Refo500 einem breiten Publikum die Bedeutung der Reformation veranschaulichen. Der Fokus dabei ist u. a. historisch, theologisch, religiös, politisch, sozial und kulturell.“

Luther wurde nun häufig auch jenseits reformierter Kritik an der Zuspitzung auf ihn zum Problem. Die lange Zeit selbstverständliche Annahme, er sei so etwas wie der Vater der Moderne, der Urheber der Gewissensfreiheit, gar der Aufklärung, ist gerade in den letzten Jahren strittig geworden. Das Ergebnis der 95 Thesen war eben letzthin kein akademischer Disput, sondern innerhalb von wenigen Jahren die Konfessionalisierung nicht nur der Territorien im Verband des Heiligen Römischen Reiches, sondern auch der Staaten in Europa. Die Kritik an den Folgen der Reformation und die Frage, was denn genau zu feiern sei, kam verständlicherweise von katholischer Seite, aber eben nicht nur. Besonders streitlustig äußerte sich der Göttinger

Reformationshistoriker Thomas Kaufmann, zuerst im Jahre 2011 in einem Aufsatz in der „Frankfurter Allgemeinen Zeitung". Kaufmann provozierte mit Äußerungen wie: „Mit großem Eifer bemühen sich staatliche und kirchliche Institutionen, das Herannahen des Reformationsjubiläums zu gestalten und durch bisweilen kopflose Geschäftigkeit für sich zu vereinnahmen." Kaufmann verwies auf die schmerzlichen Folgen der Reformation durch die Spaltung der Konfessionen und kritisierte vor allem die protestantische Selbstgewissheit, die allen Fortschritt in der Moderne als aus der Reformation geboren ansah. Darin kam er katholischen Einwänden natürlich sehr nahe, selbst wenn er diese Nähe nicht gesucht hatte. Indem Kaufmann dann darüber hinaus davon sprach, der 31. Oktober 1517 sei „zu einem mehr oder weniger unpathetischen, schwerlich ‚auratisierbaren' Datum geschrumpft", hatte er zwar eigentlich nur Erwin Iserlohs Kritik an der Historizität des Thesenanschlags noch einmal aufgenommen, damit aber auch noch einmal der Feierfreude ihren historischen Anker entzogen.

Mit besonderer Streitlust wird zunehmend der Gestalt Luthers selbst gedacht, wobei dessen Haltung zum Judentum im Mittelpunkt der Kontroverse steht. Dies wäre wahrscheinlich weniger der Fall, wenn nicht der nationalsozialistische Antisemitismus Luther als Kronzeugen angerufen hätte. Letztlich geht es aber darum, an welche Seite Luthers man sich und andere in dieser Sache erinnern will: an seine frühen, hoffnungsvollen, tendenziell positiven Äußerungen über das Judentum oder an seine späteren, negativen. Der emeritierte Kirchenhistoriker Johannes Wallmann hat im Deutschen Pfarrerblatt der Überbetonung der späteren Position heftig widersprochen und plausibel zu machen versucht, dass die Rezeption von Luthers Judenschriften im Protestantismus einen ganz anderen Weg gegangen war und sich auf Luthers frühe Position bezogen hatte, während Luthers späte Äußerungen erst durch die nationalsozialistische Propaganda prominent geworden seien.[8]

Das Reformationsjubiläum im Zeichen Luthers steht demnach im Spannungsfeld geschichtspolitischer Kontroversen. Aber auch abgesehen von Luther sind viele

---

[8] Johannes Wallmann, Die Evangelische Kirche verleugnet ihre Geschichte. Zum Umgang mit Martin Luthers Judenschriften, in: Deutsches Pfarrerblatt, 2014, 332–336.382–387.466–469.

scheinbare Selbstverständlichkeiten in Frage gestellt worden, wobei aber nicht nur Kirche und Theologie, sondern auch die Politik Anlass zur Kritik lieferten. Die dem eigentlichen Jubiläumsjahr vorgelagerte Reformationsdekade, die entscheidend von politischer Seite aus eingebracht wurde, bietet mit ihren Themenjahren nicht nur Anstöße für positive Reflexionen. Dies liegt auch an Äußerungen, die vollmundig die Selbstwahrnehmung des Protestantismus aufnehmen. So heißt es in der im Internet zu findenden Verlautbarung „Die Bundesregierung und das Reformationsjubiläum 2017“: „Die Aufklärung und die Menschenrechte wurden – wie auch die Demokratie heutiger Prägung – durch die Reformation entscheidend beeinflusst.“ Aufgrund solcher Äußerungen stellt sich gelegentlich der Eindruck ein, die ja auch nicht ganz unumstrittene Rolle der Evangelischen Kirche in der DDR-Zeit und bei den politischen Umbrüchen des Jahres 1989 habe das in die Vergangenheit zurück projizierte Bild etwas geschönt. Neuerdings ist über den Kontroversen über den Beitrag Luthers und der Reformation (und man müsste ergänzend sagen: des Protestantismus) zur Moderne stärker das theologische Zentrum der Reformation in den Blick genommen worden, was freilich auch wieder zu teils hitzigen Debatten führte. So hat die EKD 2014 einen Grundlagentext mit dem Titel „Rechtfertigung und Freiheit. 500 Jahre Reformation 2017“ veröffentlicht. Gefragt wird dabei auch nach der Gegenwartsbedeutung der Rechtfertigungslehre. Der Text richtet sich dem Vorwort nach „an theologisch interessierte Menschen, Kirchenvorstände, Theologen und Theologinnen, aber auch an eine breitere Öffentlichkeit, die nach der Bedeutung des Reformationsjubiläums 2017 fragt“, und dem Charakter nach könnte man das Büchlein auch für einen Katechismus halten. Strittig aber war dann auch dieses Thema, wie eine Debatte in der Zeitschrift „Zeitzeichen“ deutlich macht. Der Berliner Kirchenhistoriker Christoph Markschies, der Vorsitzender der Kommission war, die den Text erarbeitete, reagierte im Juli-Heft 2014 auf Kritik an dem Papier, indem er vor allem auf die „Pluralisierung des Bildes von der Reformationsgeschichte“ hinwies.[9] Die Replik von Thomas Kaufmann im folgenden

---

[9] Christoph Markschies, Mehr als Geschichte. Was feiern wir 2017? Anmerkungen zum neuen Grundlagentext der EKD, in: Zeitzeichen 7/2014, 17–19, hier 18.

Heft der „Zeitzeichen" war scharf: Die EKD habe sich theologische Kompetenz angemaßt, die sie gar nicht habe, und einen normativen Text verbreitet, was ihr gar nicht zustehe. Inhaltlich richtete sich Kaufmanns Kritik auf die Einengung der Reformation auf die Rechtfertigungslehre, durch die eine „doketische, einem entleibten Phantasma vergleichbare Reformation der EKD" entstanden sei.[10]
Problematischer als das aber ist vielleicht die nicht untypische Vereinnahmung, die im Schlusskapitel des Dokuments zu finden ist, wo es heißt: „So verstanden, kann das Reformationsjubiläum 2017 mit seinen Feiern an wesentliche Einsichten über Freiheit in der Kirche, aber auch in der ganzen Gesellschaft erinnern, sie wachhalten und zugleich auch intensivieren und erneuern. So können aber auch die evangelischen Christenmenschen in aller Welt im Jahr 2017 die Botschaft von der in der Rechtfertigung begründeten Freiheit als Christusfest feiern. Sie tun dies gemeinsam mit ihren römisch-katholischen und orthodoxen Glaubensgeschwistern." Damit stellt sich die Frage nach der ökumenischen Dimension des ganzen Unterfangens.

3. *Reformationsjubiläum und Reformationsdekade im Horizont der Ökumene*

Die Einladung zum Mitfeiern musste die katholische Seite zu einer Antwort herausfordern, die mehr oder minder diplomatisch ausfallen sollte. Zugleich sahen sich vor allem die Lutheraner in der Pflicht, schon bestehende Dialoge mit der katholischen Seite auch auf dieses Feld auszudehnen. Das Ergebnis war ein 2013 veröffentlichtes gemeinsames Dokument des Lutherischen Weltbunds und des Päpstlichen Rates zur Förderung der Einheit der Christen: „Vom Konflikt zur Gemeinschaft – Gemeinsames lutherisch-katholisches Reformationsgedenken im Jahr 2017". Hier kamen nun also zwei „Global Player" ins Spiel, die das Thema aus der deutschen Nahperspektive herausrückten und die miteinander schon andere Initiativen betrieben und Konsenstexte

---

[10] Thomas Kaufmann, Geschichtslose Reformation? Die EKD droht sich 2017 ins Abseits zu feiern, in: Zeitzeichen 8/2014, 12–15, hier 12 f. 14.

verabschiedet hatten. Nicht ungeschickt erinnerte darum „Vom Konflikt zur Gemeinschaft“ daran, dass schon die letzten beiden Reformationsjubiläen ein Anstoß für ökumenische Initiativen gewesen waren: Im Jahre 1980, also 450 Jahre nach der Formulierung des Augsburger Bekenntnisses, und 1983, anlässlich des 500. Geburtstages Luthers, war es zu Verlautbarungen gemeinsamer Kommissionen gekommen, die zwar keinen sonderlichen Widerhall fanden, aber nun, im Jahre 2013, Anknüpfungspunkte für eine Traditionsbildung boten.

So ist auch der Text „Vom Konflikt zur Gemeinschaft“ von ökumenischer Freundlichkeit geprägt – andererseits werden Differenzen in der Wahrnehmung der Reformation und ihrer Gegenwartsbedeutung auch nicht verleugnet. Das Dokument stellt das Jubiläumsjahr 2017 in drei Kontexte: erstens in den Kontext der Ökumene, zweitens in den Kontext der Globalisierung und drittens in den Kontext der Säkularisierung. Zwar ist nicht so recht erkennbar, was es für Katholiken nun eigentlich zu feiern geben sollte, doch wurde das Problem dadurch gelöst, dass gewissermaßen ein Tertium Comparationis gefunden wurde. So heißt es im Vorwort: „Wenn im Jahr 2017 katholische und evangelische Christen auf die Ereignisse vor 500 Jahren zurückblicken, dann tun sie das am angemessensten, wenn sie dabei das Evangelium von Jesus Christus in den Mittelpunkt stellen. Das Evangelium soll gefeiert und an die Menschen unserer Zeit weitergegeben werden.“

Das Dokument „Vom Konflikt zur Gemeinschaft“ wurde dann der Grundbaustein der interaktiv angelegten Website „2017 gemeinsam unterwegs“, die vom Johann Adam Möhler-Institut in Paderborn auf katholischer Seite und vom Deutschen Nationalkomitee des Lutherischen Weltbunds betrieben wird. In der Sache könnte man kritisch einwenden, dass der nicht nur in diesem Dokument verfolgte Ansatz Luther letztlich zum Stichwortgeber gegenwärtiger ökumenischer Herausforderungen macht: Dass die Hauptproblemfelder die Rechtfertigungslehre, das Verständnis von Eucharistie und Amt und das Verhältnis von Schrift und Tradition sind, weiß man ja ohnehin. So geht es auch in den Beiträgen auf der Website „2017 gemeinsam unterwegs“ eigentlich nicht um das Reformationsjubiläum, sondern um die Ökumene an sich.

Landeskirchentag 2014 in Leipzig aus Anlass des 475-jährigen Reformationsjubiläums in Sachsen

Ehrlicher mag da die Auskunft des ehemaligen Erfurter Bischofs Joachim Wanke sein, der in einem Vortrag vor Vertreterinnen und Vertretern der EKD im Jahre 2011 die Frage „Haben Katholiken am Reformationsjubiläum 2017 etwas zu feiern?" erst einmal so beantwortete: „Meine Antwort lautet: Nein. Wir katholischen Christen können und wollen der Reformation gedenken. Wir wollen sie besser zu verstehen suchen, ihre handelnden Personen, ihre leitenden Ideen, ihre geschichtlichen Auswirkungen. Aber feiern wollen wir 2017 nicht. Kann man die verlorene Einheit der Kirche feiern?"

Ganz anders als das eben genannte Dokument des Päpstlichen Rates zur Förderung der Einheit der Christen und des Lutherischen Weltbunds wollte sich Wanke auch nicht lange mit historischen Erörterungen aufhalten, und das gerade angesichts der Säkularisierung – er kannte die Verhältnisse im säkularisierten Ostdeutschland aus lebenslanger Erfahrung: „Dennoch hat ein Denken, das Martin Luther und seinen Zeitgenossen noch fragloser Beweggrund leidenschaftlicher und manchmal auch lustvoller Kontroversen war, heute für die weitaus meisten Menschen keine Bedeutung mehr. Das jüngst geführte theologische Gespräch zwischen Katholiken und Protestanten über die Rechtfertigungslehre hat dies deutlich gemacht." Dennoch konnte Wanke dem Reformationsjubiläum 2017 etwas abgewinnen, nämlich im Hinblick auf die Stellung des Christentums insgesamt. Und so lautete Wankes Perspektive auf 2017 hin: „Den Menschen hierzulande den Gotteshorizont eröffnen [...] das wäre für mich eine Kurzformel, mit der ich mich in den kommenden Dekadejahren durchaus auf Martin Luther berufen werde – auch als katholischer Bischof."

Ganz ähnlich äußerte sich der Magdeburger Bischof Gerhard Feige, der auch Ökumene-Beauftragter der Deutschen Bischofskonferenz ist. Feige sagte in einem Interview 2012: „Wenn es also das wichtigste Anliegen des Reformationsgedenkens wäre, uns mit Jesus Christus als dem Gekreuzigten und Auferstandenen gemeinsam tiefer zu verbinden und damit der Welt ein Zeichen der Hoffnung zu geben, dann könnten wir sogar ein wenig mitfeiern." Feige reagierte damit auf einen Vorschlag des Ratsvorsitzenden der EKD, Nikolaus Schneider. Der hatte davon gesprochen, man könne das Jubiläum als „Christusjubiläum" feiern, was dann auch freundlich von dem inzwischen emeritierten Hamburger Erzbischof Werner Thissen aufgenommen wurde, der sagte: „Gerne feiere ich mit, wenn es um Glaubensbekenntnis, Evangelium und Jesus Christus geht."

Sieht man sich die Fokussierung auf ein „Christusjubiläum" genauer an, wirkt sie wie ein Minimalkonsens oder die Flucht ins Uneigentliche, was dazu passt, dass auch von evangelischer Seite aus Luther manchmal als „Reformkatholik" bezeichnet wird.

Gelegentlich hat es den Anschein, als stelle man sich vor, Luther hätte nur später und das Konzil von Trient früher kommen müssen, dann wäre schon alles gut gegangen. Dies freilich ist schon eine kirchliche Binnensicht, die dem Geflecht aus Konfession, Politik, Recht und Macht nicht gerecht wird, das im 16. Jahrhundert die entscheidende Voraussetzung für die konfessionelle Differenzierung im Westen Europas bildete. Eine von Katholiken wie Protestanten gelegentlich vorgebrachte Variante dieser Koppelung von Luther und Tridentinum ist der Gedanke, das Zweite Vaticanum habe viele Anliegen Luthers doch umgesetzt. Daraus kann sich der Ruf zur Rückkehrökumene ergeben oder von evangelischer Seite aus der Ruf, Luther die Reformation doch nicht übel zu nehmen. Thies Gundlach, einer der führenden Kirchenverwaltungsbeamten der EKD, brachte es am 30. Oktober 2012 in einem Artikel in der „Frankfurter Allgemeinen Zeitung" so auf den ihm offenbar logisch erscheinenden Punkt: „Wenn man die Neuerungen des Konzils grundsätzlich betrachtet, ergeben sich erhebliche inhaltliche Übereinstimmungen zwischen dem katholischen ‚aggiornamento' des 20. Jahrhunderts und den reformatorischen Einsichten des 16. Jahrhunderts."

4. *Worum es geht*

Mit solchen Denkfiguren geht man der immer wieder gestellten Frage aus dem Weg, was die Reformation denn nun in oder für die Moderne geleistet habe. Ist sie die Mutter von Individualität, Gewissensfreiheit, Aufklärung, Demokratie? Oder musste das alles gegen das Christentum, auch gegen den Protestantismus, erkämpft werden, wie nicht nur Atheisten kritisch einwenden? Oder sind Protestantismus und auch Katholizismus nicht so eng mit Gesellschaft, Politik und Kultur verflochten, dass sie letztlich nicht anders können, als sich im Prozess der Moderne mitzubewegen, allerdings mit unterschiedlichen Fließgeschwindigkeiten – auch innerhalb der Konfessionen?

Wenn man so fragt, bleibt aus kirchenhistorischer Sicht eigentlich nichts anderes übrig, als den Ursprung der Geschichte mit zu bedenken und somit die Reformationszeit selbst in den Blick zu nehmen und differenziert zu betrachten, was an Luther und der Reformation insgesamt besonders und was einfach zeitgemäß war. Insofern geht es eben doch nicht ohne eine Historisierung der Reformation. Dazu würde auch gehören, herauszustellen, dass die Reformation ein Gemeinschaftsprojekt mehrerer Reformatoren war, zwischen denen sich auch Spannungen entwickeln konnten. Und dazu würde auch gehören, nach 1517 die weiteren Stationen der Reformation zu begehen, zum Beispiel das Augsburger Bekenntnis 13 Jahre später, das im Jahr 2030 Jubiläum feiert. Überzogene Erwartungen, in einer Zeit rapider Säkularisierung durch den Verweis auf die Reformation für die Gegenwartsbedeutung des Protestantismus Plausibilität erzeugen zu wollen, werden dadurch zugleich gedämpft werden. Luther war eben nur da ein Vorkämpfer für die Gewissensfreiheit, wo sie ihm und seiner Sache dienlich war. Von Toleranz im modernen Sinne konnte er noch gar nichts wissen. Dass auf die Reformationszeit konfessioneller Hader und Krieg folgten, ist nicht von der Hand zu weisen, doch wäre es hier abwegig, dafür nur die Reformation verantwortlich zu machen und nicht auch die andere konfessionelle Seite. Was die Entwicklung der Toleranz angeht, wird man aus historischer Sicht sagen müssen, dass es natürlich Vertreter des Protestantismus gab, die sie befürworteten, aber genauso Gegner, die in ihr Verrat an der Wahrheit sahen. Auch das aber muss präzise in den historischen Ursprungskontexten beschrieben werden. Dass eine historisch unpräzise Zugangsweise problematisch ist, zeigte sich 2014 im Dekadejahr „Reformation und Politik": An den August 1914 und die protestantische Kriegsbegeisterung hatte offensichtlich niemand gedacht.

Der Reformation und ihrer Folgen samt ihrer Wirkungen in der Moderne kann darum nicht anders als in ambivalenter Weise gedacht werden, und ihrer kann auch nicht ohne Berücksichtigung des Katholizismus gedacht werden, der im 20. Jahrhundert jedenfalls in politischer Hinsicht durchaus moderner war als der Protestantismus und der dem Nationalsozialismus entschiedener entgegentrat. Ambivalent ist darum auch das Verhältnis von Reformation, Protestantismus und Staat zu sehen, das im Zusammenhang des Reformationsjubiläums aktuell noch einmal sehr eng zu sein scheint, so, als hätte man auf politischer Seite gelernt, dass die Rede von der Zivilgesellschaft eines Fundamentes bedarf, das nicht nur politisch sein kann. Aus kirchenhistorischer Sicht ist gerade deshalb noch einmal daran zu erinnern, dass auch jedes Jubiläum seinen Kontext hat. Dies gilt für die Jahre 1967, 1917 und 1817 wie auch für die Jahrhundertjubiläen davor.[11] Und es gilt eben auch für das Jahr 2017.

---

11 Wolfgang Flügel, „Und der legendäre Thesenanschlag hatte seine ganz eigene Wirkungsgeschichte". Eine Geschichte des Reformationsjubiläums, in: Berliner Theologische Zeitschrift 28, 2011, 28–43.

Friedrich Hauschildt

Kirchenleitendes Handeln in lutherischer Perspektive

1. *Was verstehen wir unter kirchenleitendem Handeln?*

1.1 *Leitung als Koordination*

Überall, wo eine größere Zahl von Menschen zusammenlebt und zusammenwirkt, ergibt sich die Notwendigkeit, dass auf die eine oder andere Art geleitet wird. Das gilt auch für das Zusammenwirken von Glaubenden in Gemeinden und Kirchen. Alle willkürlichen und ungeordneten Formen des Zusammen- und Aufeinanderwirkens führen mehr oder weniger ausgeprägt zu Unklarheiten bis hin zu als chaotisch empfundenen Umständen, zu wechselseitiger Hemmung bis hin zu Streit. Das Zusammenleben und -wirken ruft nach geordneten, koordinierten Sozialformen. Diese stellen sich nicht einfach von selbst ein, schon gar nicht auf Dauer. Es bedarf dazu der Verabredung und der anhaltenden Pflege und Fortentwicklung durch Leitung und Führung. „‚Leitung in der Kirche' ist [...] der Begriff eines soziologischen Sachverhalts, der wesentlich zur geschichtlichen Existenz der Kirche hinzugehört."[1]

Wie lässt sich solch Leitungshandeln des Näheren beschreiben? Wir verstehen kirchenleitendes Handeln als koordinierendes Handeln im weitesten Sinne. Das

[1] EILERT HERMS, Was heißt „Leitung in der Kirche"?, in: Ders., Erfahrbare Kirche, Tübingen 1990, 80.

Jochen Bohl in der Frauenkirche Dresden

koordinierende Handeln dient der Aufrechterhaltung und der Fortentwicklung[2] der Kirche. Die Kirche besteht, wie alle anderen gesellschaftlichen Formationen, nämlich nicht einfach aus eigener Kraft weiter, sie bedarf – soziologisch gesprochen – der Bemühung um Reproduktion. Der Sozialphilosoph Jürgen Habermas unterscheidet zwei Arten der Reproduktion von sozialen Formationen, nämlich die materielle und die symbolische bzw. kommunikative Reproduktion.[3] Der Fortbestand der Kirche ist – menschlich gesprochen – zu sichern durch einen zielgerichteten Umgang mit den Finanzen, strategische Planungen, planvollen Umgang mit den Gebäuden, eine überlegte Personalpolitik etc. Diese Phänomene sind mit dem Begriff der materiellen Reproduktion beschrieben. Für Leitungshandeln auf diesem Feld bedarf es bestimmter Fähigkeiten, die Habermas als technisch bzw. instrumentell bezeichnet.[4] Daneben bedarf es einer weiteren, von der eben genannten deutlich zu unterscheidenden Form der Reproduktion, nämlich der kommunikativen bzw. symbolischen. Es braucht für den Fortbestand eines sozialen Körpers „das wechselseitige Verstehen von subjektiv intendierten Bedeutungen"[5] und eine interpretative „Tätigkeit, durch die sich die Subjekte wechselseitig über ein gesellschaftliches Normensystem", das sie innerlich bindet, „verständigen".[6] Im Blick auf diese Reproduktionsaufgabe bedarf es also hermeneutischer Fähigkeiten, der Fähigkeit, Sinn zu verstehen, zu deuten und anderen plausibel zu machen. Die Fähigkeit zu kirchenleitendem Handeln – so könnte aus sozialphilosophischer Perspektive eine erste Antwort auf die Frage, was kirchenleitendes Handeln sei, lauten – besteht darin, a) die beiden genannten Arten der Reproduktion unterscheiden zu können, b) zu erkennen, dass heute beide notwendig sind, c) zu erkennen, dass die technischen Kompetenzen „in der theologischen Kompetenz verwurzelt" sein müssen,[7] d) entweder beide Fähigkeiten in sich zu vereinigen

---

2 Nach Habermas bedarf jede gesellschaftliche Formation, wenn sie nicht untergehen will bzw. soll, bestimmter Anstrengungen zur „Lebenserhaltung" bzw. „Lebenssicherung"; vgl. AXEL HONNETH, Kritik der Macht. Reflexionsstufen einer kritischen Gesellschaftstheorie, Frankfurt 1989, 238 f.

3 Vgl. HONNETH, a. a. O., 267.

4 Vgl. a. a. O., 249.265–267.

5 A. a. O., 248.

6 A. a. O., 266.

7 Vgl. WILFRIED HÄRLE, Führen und Leiten in der evangelischen Kirche (MS), Gutachten, 16.

oder aber e) die eine zu praktizieren und zugleich der anderen ausdrücklich den ihr gebührenden Raum zuzubilligen.

Zum Verhältnis der beiden genannten Typen von Handeln formuliert Habermas eine Einsicht, die auch für kirchenleitendes Handeln von großer Bedeutung ist: Es gibt an einem sozialen Körper Störungen und Hemmungen, die „nicht durch technische Eingriffe behoben werden können", deren Behebung „mehr einschließt als Anpassungsprozesse nach dem Muster zweckrationaler Mittelverwendung"[8]. Auf diesen Sachverhalt ist deshalb besonders hinzuweisen, weil es in den letzten Jahren kirchliche Reformprogramme gegeben hat und noch gibt, die genau dieser Unterscheidung nicht genügend Aufmerksamkeit gewidmet haben. Diese Unterscheidung, die hier eher sozialphilosophisch eingeführt wurde, ist in der evangelischen Kirchentheorie durchaus präsent, wenn man etwa an die Unterscheidung von disponierendem und kommunikativem Handeln bei Reiner Preul denkt.[9]

Kirchenleitendes Handeln z. B. eines Bischofs vollzieht sich – und das zeigt schon, wie anspruchsvoll diese Aufgabe ist – deutlich in beiden Handlungsbereichen. Durch den Vorsitz in vielen Gremien und die spezifischen Entscheidungsbefugnisse hat ein Bischof deutlich auch Verantwortung für den Bereich der mit technisch-instrumentellen Mitteln zu bewerkstelligenden Reproduktion, also für disponierendes Handeln. Zugleich aber hat er wichtige Aufgaben im Feld der symbolisch-kommunikativen Reproduktion, in erster Linie natürlich durch seine Predigt- und Seelsorgetätigkeit, aber auch durch Vorträge.[10] Diesem Feld der kommunikativen Reproduktion sind auch zwei weitere Funktionen von Kirchenleitung zuzuordnen. Kirchenleitung hat immer auch damit zu tun, in der Öffentlichkeit für Kirche „zu stehen"[11], sie zu repräsentieren. Theologisch gesprochen geht es dabei um die Bezeugung des christlichen Wirklichkeitsverständnisses.

---

[8] Honneth, a. a. O. (s. Anm. 2), 246.

[9] Vgl. Reiner Preul, Kirchentheorie. Wesen, Gestalt und Funktionen der Evangelischen Kirche, Berlin/ New York 1997, 6.

[10] In diesen Zusammenhang gehört etwa die Serie von Diskussionsveranstaltungen zum Thema Homosexualität in der sächsischen Landeskirche.

[11] Vgl. Preul, a. a. O. (s. Anm. 9), 235. Zu unterschiedlichen Modellen von Repräsentation vgl. 238–241.

Nahe verwandt mit der Funktion Repräsentation sind die Funktionen, die herkömmlich als Visitation und Episkopé, Aufsicht bezeichnet werden. Das schließt die Aufgabe ein, Missverständnisse und Verfälschungen der Botschaft beim Namen zu nennen und ihnen entgegenzuwirken.[12] Das wird z. B. in der Verfassung der Evangelisch-Lutherischen Kirche Norddeutschlands ausgedrückt, wenn es dort in Art. 96, Abs. 3 heißt: „Die Bischöfinnen und Bischöfe tragen in besonderer Weise Sorge [...] für die Lehre und das Bekenntnis der Kirche." Man kann diese Aufgabe der Kirchenleitung dahingehend zusammenfassen, dass sie eine besondere Verpflichtung hat, darauf zu achten, dass die Aktivitäten der Kirche insgesamt und der Leitung im Besonderen auftragsgemäß sind.[13]

1.2 Leitung als Ausübung von Macht und Allgemeines Priestertum

Leitungshandeln ist ein Handeln, das in spezifischen Funktionspositionen eines sozialen Systems vollzogen wird und deshalb stärkere Auswirkungen auf das Gesamtsystem hat als das Handeln der Personen, die keine Leitungsverantwortung wahrnehmen.[14] Damit wird den Leitungspersonen eindeutig mehr Einwirkungsmöglichkeit, mehr Macht (im Sinne von positionsspezifischer Handlungskompetenz)[15] zugebilligt als den geleiteten Personen.

Bereits an diesem Punkt wird nun eine fundamentale Besonderheit des lutherischen Verständnisses von Kirchenleitung erkennbar. Es ist für Luthers Verständnis von Kirchenleitung nämlich charakteristisch, dass er bei seinen Überlegungen zu Leitung in der Kirche von der (egalisierenden) Lehre vom Allgemeinen Priestertum ausgeht.[16] Während nach römisch-katholischem Verständnis die besondere priesterliche Würde – oder noch genauer: die bischöfliche Vollmacht – die Basis der Legitimation für Leitungsvollmacht in der Kirche abgibt, kommt nach Luther diese priesterliche Würde

---

12 Vgl. Härle, a. a. O. (s. Anm. 7), 8.

13 Zur Auftragsgemäßheit vgl. Herms, Erfahrbare Kirche (s. Anm. 1), 87.

14 Vgl. Herms, a. a. O. (s. Anm. 1), 81.

15 Vgl. hierzu Preul, a. a. O. (s. Anm. 9), 202. Eine ausführliche Reflexion zur Ambivalenz von Macht findet sich bei Michael Kuch, Wissen – Freiheit – Macht, Marburg 1991.

16 Härle, a. a. O. (s. Anm. 7), 10, und ders., Leiten durch das Wort (Vortrag im Rahmen des Festaktes zum 50jährigen Bestehen des Theologischen Studienseminars der VELKD in Pullach), Texte aus der VELKD 154/2010, 24 f.

Präsidium der 27. Landessynode

allen Glaubenden zu. Diese Einsicht Luthers ergibt sich aus seinem Verständnis von Offenbarung. Der Glaube erschließt sich für Luther dem Einzelnen nicht durch den Gehorsam gegenüber der Tradierungsvermittlung der Kirche in apostolischer Sukzession. Vielmehr ist es „nur" die Aufgabe der Kirche, die Predigt des äußeren Wortes geregelt zu gewährleisten – ob sich dem Hörer das gehörte Wort als lebenswendende Wahrheit erschließt, verdankt sich allein dem Heiligen Geist, der wirkt, wann und wo er will.[17] In dieser Hinsicht sind alle Christen einander gleich, es gibt keinen hervorgehobenen geistlichen Stand, dem die Leitung der Kirche aufgrund einer spezifischen Geistausstattung zukäme.

1.3 Die Notwendigkeit von Leitung

Erst innerhalb dieser fundamentalen Gleichheit aller Christen sieht Luther nun aber doch sehr wohl eine sachliche Notwendigkeit, unterschiedliche funktionsspezifische Aufgabenzuweisungen vorzunehmen, wenn es um die Aufgabe geht, für das

[17] Vgl. CA V., vgl. dazu HERMS, a.a.O. (s. Anm. 1), 130 f.138.

Evangelium öffentlich einzustehen.[18] Wenn mehrere Christen an einem Ort sind, die aufgrund der Taufe „gleiche Macht und gleiches Recht" haben, dann soll sich nicht einer zu einer besonderen Leitungsrolle selbst „hervortun", „sondern sich berufen und hervorziehen lassen, dass er an Statt und Befehl der anderen predige und lehre"[19]. Der Berufung (vocatio externa) durch die Kirche kommt demnach eine besondere Bedeutung zu. Das Recht aber, solches Lehren dann zu beurteilen, bleibt als eine Gestalt von Kirchenleitung bei der Gemeinde. Die Kirche wird also nach evangelischem Verständnis gemeinschaftlich geleitet.[20] Insofern ist es auch sachgemäß, von Kirchenleitung in einem weiteren und einem engeren Sinne zu sprechen.[21]

1.4 Verschiedene Formen von Leitung

Schleiermacher hat eine Reihe von weiteren Unterscheidungen vorgenommen, die als Fortführung von Luthers Bestimmungen gelesen werden können und eine differenzierte Wahrnehmung der Gegebenheiten fördern. So unterscheidet Schleiermacher zwischen „überwiegender Wirksamkeit" und „überwiegender Empfänglichkeit".[22] Diese beiden Erscheinungsformen sieht er in einer sogenannten „Methode des Umlaufs"[23] zur wechselseitigen „Förderung" aneinander verwiesen. Neben denen, die ausdrücklich und kontinuierlich Kirchenleitung wahrnehmen – Schleiermacher nennt das „gebundene Kirchenleitung" –, gibt es auch eine „freie Kirchenleitung", ein eher punktuelles Mitwirken in der „freien Macht des Geistes".[24] Diese Bestimmungen helfen, eine allzu starre Unterscheidung von allgemeinem Priestertum und besonderem Amt zu vermeiden.

In der Wirkweise kirchenleitenden Handelns unterscheidet Schleiermacher weiter zwei Typen: Kirchenleitendes Handeln kann einen eher voranschreitenden, konstruk-

---

18 „Publice docere", CA XIV.

19 Vgl. MARTIN LUTHER, WA 11, 412, zit. nach Härle, a. a. O. (s. Anm. 7), 11.

20 Vgl. PREUL, a. a. O. (s. Anm. 9), 212.

21 Vgl. HÄRLE, a. a. O. (s. Anm. 7), 12.

22 FRIEDRICH D. E. SCHLEIERMACHER, Kurze Darstellung des theologischen Studiums zum Behuf einleitender Vorlesungen (KD), 2. Auflage, § 278.

23 A. a. O., § 268.

24 Vgl. a. a. O., § 312 f.

tiven, auf Erneuerung zielenden Charakter haben oder aber eher zurechtweisende, warnende, reinigende Aufgaben wahrnehmen.[25] Unterscheidungen dieser Art rufen die Vielfalt kirchlichen Leitungshandelns in Erinnerung und wehren einer vorschnellen oder gedankenlosen Engführung.

Kirchenleitendes Handeln kann sich vornehmlich auf institutionelle bzw. organisatorische Fragen beziehen – dann stehen technisch-instrumentelle Handlungsformen im Vordergrund – oder aber auf die Förderung und Begleitung von Personen richten – dann stehen hermeneutische und kommunikative Kompetenzen im Mittelpunkt. An diese Unterscheidung kann auch die terminologische Differenzierung von Leiten und Führen anknüpfen, die gegenwärtig eine Rolle spielt.[26]

1.5 Auftragsgemäße Leitung

In alledem ist kirchenleitendes Handeln ein Leitungshandeln, das der Eigenart seines Gegenstandes, nämlich der Kirche, entsprechen muss. Die Kirche wird durch ihren Auftrag konstituiert, das Evangelium von Jesus Christus zu bezeugen. Sie ist eine Gemeinschaft von Menschen, die in der Anteilhabe an Gottes Gaben verbunden sind. Nicht Sympathien zwischen Menschen oder deren willentlicher Entschluss bilden die Grundlage dieser Gemeinschaft, sondern der sich in Wort und Sakrament selbst schenkende Gott.

Das Wesen der Kirche kann nur in einer zweifachen Perspektive hinreichend erfasst werden. Die Kirche ist nach Luther „creatura verbi divini“[27], sie weiß sich von Gott gestiftet und gewollt. Als solche ist sie Gegenstand des Glaubens und wird im Credo ausdrücklich genannt. In lutherischer Tradition wird sie in dieser Hinsicht als verborgen – nicht wie bei Zwingli als unsichtbar – verstanden. Zugleich ist die Kirche eine leibliche, sichtbare und geschichtliche Größe mit ihren in CA VII genannten äußeren Kennzeichen. Ihre Sichtbarkeit wird nicht negativ konnotiert, aber sie ist in ihrer

---

[25] Vgl. HÄRLE, a. a. O. (s. Anm. 7), 17.

[26] Vgl. a. a. O., 5. Härle unterscheidet Führen als eine eher personenbezogene Hilfe und Leiten als organisationsbezogenes Handeln.

[27] Vgl. WA 2, 430, 6 f.: „Ecclesia enim creatura est Euangelii“; ähnlich WA 6, 560, 36.

Sichtbarkeit nicht eindeutig bestimmbar:[28] „Wir haben den Schatz in irdenen Gefäßen" (2 Kor 4,7). Daraus ergeben sich für das Nachdenken über die Kirche und kirchliches Leitungshandeln zwei Konsequenzen:

a) Die Kirche ist durchs Wort geschaffen, sie ist deshalb primär ein kommunikatives Geschehen, ein Wort-Geschehen, vorwiegend ein Raum sprachlicher Interaktion. Deshalb haben für sie die Regeln von Kommunikation erhebliche Bedeutung.[29]

b) Da die Kirche zugleich ein verborgenes Geistgeschehen und eine leiblich verfasste Größe in Raum und Zeit darstellt, muss eine nähere Bestimmung von kirchenleitendem Handeln immer eine theologische Betrachtungsweise mit einer sozialwissenschaftlich-funktionalen auf eine angemessene Weise verbinden.[30]

2. *Selbststeuerung durch Lehre*

Woran orientiert sich kirchenleitendes Handeln?

Kirche steuert sich – seit der Trennung von Thron und Altar – formal gesehen selbst; das erkennt man schon daran, dass sich jede Partikularkirche in unserem Land selbst eine Verfassung gegeben hat, die nur die jeweilige Kirche selbst fortentwickeln kann. Insofern hat Kirchenleitung – gemessen an früheren Verhältnissen des landesherrlichen Kirchenregiments – eine umfassendere Verantwortung auch für die institutionelle und organisatorische Gestalt der Kirche.

In CA XXVIII findet sich im Blick auf das kirchenleitende Amt der Bischöfe die Formulierung: „ohn menschliche Gewalt, sondern allein durch Gottes Wort", in der lateinischen Kurzformel „sine vi, sed verbo". Damit ist ein Grundsatz markiert, auf welche Weise diese Selbststeuerung der Kirche vorgenommen werden soll, nämlich durch Gottes Wort

---

[28] Vgl. dazu Johannes Dittmer, Grundsätzliche Überlegungen zu „Kirche" und „Gemeinde" im Blick auf Fragen der Regionalisierung und Strukturreform (http://www.fest-heidelberg.de/kiek.htm).

[29] Vgl. Eberhard Hauschildt, Lernende Organisation – auf dem Weg zu einer kirchlichen Fehlerkultur, in: Knut Kammholz u.a. (Hg.), Solo verbo, FS für Hans Christian Knuth, Kiel 2008, 335: „Weil der zentrale Teil kirchlicher Arbeit zum Typus komplexer, hochgradig kommunikativer und interpretativer Handlungen gehört, die gerade nicht über klare Zielvorgaben ausreichend darstellbar sind, [...]".

[30] Vgl. Preul, a.a.O. (s. Anm. 9), 128.

und daraus abgeleitet durch Argumentation, Überzeugung und nicht durch Machtausübung, Sanktionen, Überredung etc. In dieser Unterscheidung kann man eine Anwendung der Zwei-Regimentenlehre auf die Kirche erkennen. Sanktionen und Trennungen[31] im Ausnahmefall sind nicht ausgeschlossen, aber normalerweise ist soweit wie irgend möglich um Einverständnis, um einen umfassenden Konsens zu ringen.

Gottes Wort, an dem die Kirche sich orientiert, bedarf der Auslegung. Deshalb gilt: *„Die Evangelische Kirche wird durch die Auslegung ihrer eigenen Lehre geleitet“*[32]. Diese kybernetische Grundthese lenkt die Aufmerksamkeit dessen, der nach Prinzipien kirchenleitenden Handelns fragt, gegen den Trend der Zeit nicht zuerst auf instrumentelles Handwerkszeug, sondern auf theologische Bestimmungen. Das mag manchen überraschen und löst auch skeptische oder spöttisch-polemische Nachfragen aus: „Wie sollen sich denn konkrete Entscheidungen über Struktur- oder Baufragen aus biblischen Sätzen ableiten lassen?“ Die so gestellte Frage offenbart nun allerdings ein Missverständnis der kybernetischen Grundthese und gibt Anlass, die Intention dieser These zu präzisieren. Denn die theologischen Bestimmungen *ersetzen* natürlich nicht zweckrationale Abwägungen, „so eng darf man den Zusammenhang zwischen primären und sekundären Zielen und Motiven nicht fassen“[33]. Die theologischen Bestimmungen artikulieren aber den Horizont, den Referenzrahmen, innerhalb dessen vernünftige Abwägungen sich vollziehen und durch den sie auf sie leitende Ziele ausgerichtet werden. Denn in der Lehre wird jene Bestimmung über Ursprung, Aufgabe und Ziel menschlicher Existenz ausdrücklich, wie sie im Evangelium von Jesus Christus ausgesagt wird und deshalb für die Kirchen den Horizont ihrer Entscheidungen bildet. Lehre ist „menschliches Sprachhandeln“[34], das das Heilsereignis Jesu Christi zum Gegenstand hat, und umfasst sowohl Sprachhandlungen, die eher der Verkündigung, als

---

31 Vgl. Wilfried Härle, Leiten durch das Wort, Texte aus der VELKD 154/2010, 19 f.

32 Preul, a. a. O. (s. Anm. 9), 43. Preul befindet sich mit dieser These in Übereinstimmung mit W. Härle und E. Herms (vgl. HÄRLE, a. a. O. [s. Anm. 7], 20).

33 Reiner Preul, Kirchenleitung nach evangelischem Verständnis, in: Knut Kammholz u. a., a. a. O. (s. Anm. 29), 315.

34 Eilert Herms, Die Lehre im Leben der Kirche, in: Ders., Erfahrbare Kirche (s. Anm. 1), 121.

auch die, die eher der „reflexiven Selbstverständigung"[35] dienen. Lehre bedarf immer der Auslegung und ist selbst schon Auslegung, sie ist immer auf die konkrete Situation, die gegenwärtigen Herausforderungen zu beziehen.[36]

Auch innerhalb der Kirche gibt es Unklarheit über die Bedeutung der kirchlichen Lehre. Eilert Herms hat gezeigt, dass der Bedarf an Lehre unter Gegenwartsbedingungen noch gestiegen ist.[37] Gerade weil die evangelischen Kirchen kein Lehramt mit Letztentscheidungsvollmacht haben und evangelisch die Sachverhalte deutlich komplexer geworden sind, bedarf es einer differenzierten Reflexion der christlichen Wahrheit. Die Gemeinschaft der Christen braucht konsensfähige Artikulationen ihres Glaubens, wie sie z. B. im Bekenntnis der Kirche vorliegen. Und sie braucht einen Konsens darüber, dass die Konsensformulierungen gelten.[38] Und genau das liefert die Lehre:

- sie hält die Ursprungsgewissheit präsent und lebendig,
- sie formuliert den Konsens der Kirche, in dem die Gemeinschaft dessen ansichtig wird, worin sie trotz aller Unterschiede einig ist,
- sie hat für instrumentelles Handeln eine orientierende Bedeutung, indem sie die primären Ziele artikuliert,
- sie stellt einen zusammenfassenden, das Gespräch mit säkularen Positionen ermöglichenden Ausdruck dar.

3. *Versuch einer kommunikationstheoretischen Reformulierung*

Die kybernetische Grundthese, dass die Kirche durch Auslegung von Lehre geleitet wird, wird von vielen so (miss-)verstanden, als gehe es darum, doktrinäre Vorgaben zu machen. Das Gegenteil ist der Fall. Diese These redet vielmehr einer diskursiven, einer einverständnisorientierten Kommunikation das Wort.

---

[35] A. a. O., 123.

[36] „Ist alle zielorientierte Kirchenleitung *Auslegung* der kirchlichen Lehre unter aktuellen Bedingungen", Preul, a. a. O. (s. Anm. 33), 315 (Unterstreichung).

[37] So Herms, Die Lehre im Leben der Kirche (s. Anm. 34), 133.

[38] Vgl. Herms, a. a. O., 137 f.149.

Angesichts einer weit verbreiteten Diskussionslage in den evangelischen Kirchen ist es wichtig, den Vorrang eines auf Überzeugung beruhenden Verfahrens des Einverständnisses, diesen Grundsatz kirchenleitenden Handelns noch einmal im Argumentationszusammenhang der Habermas'schen Kommunikationstheorie zu reformulieren.

Sozialphilosophisch betrachtet stellt die Kirche einen Teil einer „symbolisch strukturierten Lebenswelt" dar, die als solche über kommunikatives Handeln reproduziert wird.[39] Es leuchtet deshalb auch in dieser Perspektive ein, dass kirchenleitendes Handeln – analog zur Wendung „sine vi, sed verbo" – in der Form kommunikativen Handelns vollzogen wird. Damit ist ein bloß instrumentelles oder, wie Habermas es nennt, strategisches Handeln[40] zwar nicht gänzlich ausgeschlossen, aber es hat seinen Ort allenfalls „innerhalb des Horizonts andernorts bereits konstituierter Lebenswelten"[41].

Kirchenleitendes Handeln wirkt auf die anderen Glieder der kirchlichen Gemeinschaft ein. Mit solcher Einwirkung werden – kommunikationstheoretisch gesprochen – kommunikative Geltungsansprüche formuliert. Geltungsansprüche zielen auf das freie Einverständnis des anderen.[42] Habermas unterscheidet diese Form der Interaktion von einer anderen, die zwecktätig in die Welt eingreift, um durch den Einsatz geeigneter Mittel gesetzte Ziele zu realisieren. Bei dieser Handlungsart wird der andere als Objekt, als Gegenspieler betrachtet:[43] Verständigung und Einverständnis sind aber mehr als bloß kausale Wirkung, das Einverständnis hängt von der rational motivierten, also freien Zustimmung des Hörers ab.[44] Zweckrationalität und Verständigungsrationalität

[39] JÜRGEN HABERMAS, Nachmetaphysisches Denken. Philosophische Aufsätze, Frankfurt 1992, 97.

[40] J. Habermas verwendet den Begriff des strategischen Handelns in einer Weise, die einen gegenüber dem fast inflationären innerkirchlichen Gebrauch der Bezeichnung „strategisch" nachdenklich werden lässt. Strategisch bei Habermas bedeutet nicht nur vorausschauend, sondern verbindet sich mit den Aspekten „dem anderen gegen dessen Willen meinen Willen aufzwingen" und „den anderen täuschen". Insofern kommt bei Habermas strategisches Handeln „als Alternative für versagende kommunikative Handlungen" (HABERMAS, a. a. O., 97), als Mangel an Aufrichtigkeit zu stehen.

[41] HABERMAS, a. a. O., 97.

[42] Vgl. HABERMAS, a. a. O., 63.128.

[43] Vgl. HABERMAS, a. a. O., 67.

[44] Vgl. HABERMAS, a. a. O., 66.

sind zu unterscheiden.[45] „Die Bedingungen für die Rationalität gelingender Sprechhandlungen haben einen anderen Zuschnitt als die Bedingungen für die Rationalität erfolgreicher Zwecktätigkeit."[46]

Diese Unterscheidung ist nun m. E. für ein angemessenes Verständnis von kirchenleitendem Handeln und dessen Weise, auf andere einzuwirken, bedeutsam. Im Licht dieser Unterscheidung treten das besondere Profil und die innere Spannung kirchenleitenden Handelns deutlich hervor. Die koordinierende Funktion kirchenleitenden Handelns erfolgt eben – sozialphilosophisch gesprochen – nicht „nur über die Vermittlung von zweckrationalen, strategischen Einstellungen", sie ist vielmehr „an die Voraussetzung von moralischen Einstellungen gebunden"[47].

4. *Ekklesiologische Grundlagen*

Im bisherigen Erörterungsgang ist für die Analyse und Beschreibung kirchenleitenden Handelns eine Reihe von handlungstheoretischen Unterscheidungen in Anspruch genommen worden: materielle und symbolische Reproduktion, kommunikatives bzw. einverständnisorientiertes und strategisches bzw. zweckrationales bzw. durchsetzungsorientiertes bzw. disponierendes Handeln. Diese Unterscheidungen fügen sich in ein Verständnis von Kirche in lutherischer Perspektive ein. Was sich im Vorstehenden bereits abgezeichnet hat, soll hier noch einmal abschließend zusammengefasst werden. Kirche ist eine in sich spannungsreiche Größe, weil an ihr Innenseite und Außenseite unterschieden werden müssen. Sie ist nach ihrem Ursprung „creatura evangelii" und insofern konstitutiv ein kommunikatives Geschehen. Als solches Geistgeschehen ist sie verborgen. Zugleich aber ist sie leiblich verfasst. In CA VII sind ihre äußerlichen Kennzeichen genannt: die Evangeliumsverkündigung und die Sakramentsdarreichung. Die Kirche als leibhaft verfasste Größe ist dafür verantwortlich, dass das äußere Wort recht ausgerichtet wird. Ob es zu der inneren

---

[45] So HABERMAS, a.a.O., 67.

[46] HABERMAS, a.a.O., 68.

[47] AXEL HONNETH, Arbeit und Anerkennung, in: Ders., Das Ich im Wir, Frankfurt 2010, 87.

Beglaubigung kommt, steht nicht in ihrer Macht; der Geist wirkt, wann und wo er will (CA V). Alles kirchliche Handeln, sowohl das unmittelbare Verkündigungswirken als auch das Leitungshandeln, unterliegt dieser Spannung. Der äußere Vollzug der Verkündigung soll und kann „bewerkstelligt" werden, das eigentliche Zum-Ziel-Kommen bleibt unverfügbar.

Ulf Liedke

Zur Rezeption der Barmer Theologischen Erklärung in der Evangelisch-Lutherischen Landeskirche Sachsens[1]

Als Hans Asmussen am Nachmittag des 31. Mai 1934 seinen Einbringungsvortrag zur Barmer Theologischen Erklärung abgeschlossen hatte, kam der entscheidende Zeitpunkt der Abstimmung. Die Dokumentation der Synode vermerkt nicht ohne Pathos: „Mit tiefem Dank gegen Gott erlebte es jeder mit, wie nun *ein Abgeordneter nach dem anderen* in fast dramatischer Steigerung *sich zu den Thesen bekannte*, mit großem Ernst, zum Teil mit innerlicher Erschütterung. Immer wieder: Ja, von Herzen ja!"[2] Für die sächsischen und hannoverschen Bekenntnisgemeinschaften nahm der Dresdner Superintendent Hugo Hahn Stellung. Sein Votum beendete er mit den Worten: „Wir wollen den Willen des Herrn Christus an uns erfüllen. Wir wollen darum auch dieses bekennende theologische Wort, das er uns geschenkt hat, annehmen und vertreten. Wir wollen es. Gott helfe unserer Schwachheit. Amen."[3]

Hugo Hahns Stellungnahme ist ein Beispiel für die Bejahung der Barmer Theologischen Erklärung durch Vertreter des lutherischen Bekenntnisses. Anders als in der

---

[1] Ich danke dem Landeskirchenarchiv Dresden und dessen Leiterin, Frau Kristin Schubert, für die Unterstützung bei der Recherche und der Bereitstellung von Dokumenten aus dem Kirchenkampf und späterer Zeit. Ebenso danke ich dem Archiv der Ev.-Luth. Bekenntnisgemeinschaft Sachsens. Darüber hinaus bin ich Dr. Thilo Daniel, Dr. Markus Hein und Dr. Christian Zschuppe für ihre Hinweise dankbar.

[2] Karl Immer (Hg.), Bekenntnissynode der Deutschen Evangelischen Kirche Barmen 1934. Vorträge und Entschließungen, Wuppertal-Barmen 1934, 25.

[3] A. a. O., 25 f.

deutlich distanzierteren Rezeption, die Barmen schon bald in zahlreichen anderen lutherischen Kirchen erfuhr, verkörpert Hahns Votum die offene Annahme der Erklärung als einer Gabe Gottes in einer Zeit schwerster Bedrohung. In der Evangelisch-Lutherischen Landeskirche Sachsens hat diese Lesart Spuren hinterlassen und dazu beigetragen, dass mehrfach eigene Akzente in der Bewertung der Barmer Erklärung gesetzt wurden. Im folgenden Beitrag möchte ich wichtigen Rezeptionsspuren der Theologischen Erklärung in der sächsischen Landeskirche folgen.[4]

1. *Zusammengeschmiedet unter dem Joch Christi: Hugo Hahns Votum zur Barmer Theologischen Erklärung*

Auf der Barmer Bekenntnissynode stimmten Vertreter lutherischer, reformierter und unierter Kirchen, Gemeinden bzw. Bekenntnisgemeinschaften der Theologischen Erklärung mit folgendem Beschluss zu: „*1. Synode erkennt die Theologische Erklärung zur gegenwärtigen Lage der Deutschen Evangelischen Kirche im Zusammenhang mit dem Vortrag von Pastor Asmussen als christliches, biblisch-reformatorisches Zeugnis an und nimmt sie auf ihre Verantwortung. 2. Synode übergibt diese Erklärung den Bekenntniskonventen zur Erarbeitung verantwortlicher Auslegung von ihren Bekenntnissen aus.*“[5] Mit diesem Synodalbeschluss verbindet sich zugleich eine erste Interpretation: Die Erklärung gilt als *christliches, biblisch-reformatorisches Zeugnis*. Der Zeugnisbegriff zieht sich als roter Faden durch die weitere Rezeptionsgeschichte des Textes. Er hebt ihre Bedeutung hervor und wahrt zugleich die Distanz zum Status eines Bekenntnisses. Stattdessen wurde den jeweiligen Kirchen bzw. Gemeinschaften die Aufgabe übertragen, Barmen von ihren Bekenntnissen her zu interpretieren.

---

[4] Diese Untersuchung steht unter einer doppelten Einschränkung. Sie konzentriert sich einerseits auf ausgewählte Situationen, in denen eine Auseinandersetzung über die Bedeutung der Barmer Theologischen Erklärung erfolgt ist. Andererseits beschränkt sie sich auf Diskussionen und Stellungnahmen auf kirchenleitender, d. h. auf synodaler, bischöflicher oder konsistorialer Ebene.

[5] Immer (Hg.), a. a. O. (s. Anm. 2), 27 f.

Hugo Hahn war seit 1930 Erster Pfarrer an der Dresdner Frauenkirche und damit zugleich Superintendent in der Ephorie Dresden-Land.[6] Er erkannte frühzeitig die Gefahr, die von den ‚Deutschen Christen' für die Kirche ausging, früh und nahm den Kampf gegen sie auf. „Bereits Pfingsten 1933 richtete er von der Kanzel der Frauenkirche aus scharfe Angriffe gegen die DC."[7] Im Herbst desselben Jahres gründete er den sächsischen Pfarrernotbund. Im Frühjahr 1934 vereinigte sich dieser mit der Gemeindebewegung zur ‚Bekenntnisgemeinschaft der Evang.-Luth. Kirche Sachsens'. Hahn wurde zum Vorsitzenden des Landesbruderrates gewählt, der die Bekenntnisgemeinschaft leitete.[8] Als in Wuppertal-Barmen vom 29. bis 31. Mai 1934 die ‚Erste Bekenntnissynode der Deutschen Evangelischen Kirche' zusammentrat, führte Hahn die zwölfköpfige sächsische Delegation an.[9] Im Eröffnungsgottesdienst hielt er die Predigt.[10]

In seinem Votum, das oben schon anklang, begründete Hahn seine Zustimmung wie folgt:

> „Auch wir haben es als Gottesgeschenk angenommen, dass in der Not der Zeit die bekennenden Christen der verschiedenen reformatorischen Bekenntnisse *zusammengeschmiedet* worden sind *unter* einem Joch, und wir sind gewiss, dass es *das Joch Christi* ist. Auch wir nehmen es als Geschenk Gottes, dass in dieser Stunde [...] ein gemeinsames theologisches Wort von uns allen gemeinsam [...]

---

[6] Vgl. Carsten Nicolaisen, Hugo Hahn, in: Wolf-Dieter Hauschild (Hg.), Profile des Luthertums. Biographien zum 20. Jahrhundert, Gütersloh 1998, 261.

[7] Vgl. a.a.O., 261 f.

[8] Vgl. Georg Prater, Bischof Hahn und sein Widerstand gegen das ‚Dritte Reich', in: Hamburger Mittel- und Ostdeutsche Forschungen, Bd. VIII, Hamburg 1970, 43.

[9] Vgl. namentlich bei Dorothea Röthig, Chronik des Kirchenkampfes in Sachsen, Dresden 1960, 88 f.

[10] Vgl. Hugo Hahn, Ich wider dich ..., in: Karl Immer (Hg.), Die Kirche vor ihrem Richter. Biblische Zeugnisse auf der Bekenntnissynode der DEK in Wuppertal-Barmen 1934, Wuppertal-Barmen 1934, 8–13. Hugo Hahn (1886–1953) wuchs als Vorsitzender des Landesbruderrates „in die Rolle des ‚heimlichen Bischofs' hinein, als der er fortan der sächsischen BK ihr eigenes Gepräge gab" (Nicolaisen, Hahn [s. Anm. 6], 262). Im Jahr 1937 wurde er „wegen seiner Widersetzlichkeit mit dem Ziel der Entfernung aus dem Amt beurlaubt" (a.a.O., 266) und wenig später aus Sachsen ausgewiesen. Er durfte erst 1947 nach Sachsen zurückkehren und wurde im Oktober 1947 zum Landesbischof gewählt. Dieses Amt nahm er bis kurz vor seinem Tod im Jahr 1953 wahr (vgl. a.a.O., 267–272).

gesprochen wird./Mit unserem Bruder Asmussen sind wir uns ganz einig in der tiefen Dankbarkeit [...] dafür, dass das Bewusstsein für die Verantwortung vor dem anvertrauten Bekenntnisgut in uns lebendig geworden ist durch Gottes Gabe [...]. Und so nehmen wir dieses Wort als eine gnädige Führung und Leitung Gottes [...]. Auch das ist ganz gewiss der Wille unseres Herrn Christus, dass wir bei allen diesen Verschiedenheiten, in die Gott uns bisher geführt hat, dennoch gemeinsam unter dem Joche Christi zusammenstehen *in dem Kampfe, der uns verordnet ist*. Wir wollen den Willen des Herrn Christus an uns erfüllen. Wir wollen darum auch dieses bekennende theologische Wort, das er uns geschenkt hat, annehmen und vertreten. Wir wollen es. Gott helfe unserer Schwachheit. Amen."[11]

Hahns Argumentationsfigur ist in doppelter Weise interessant. Indem er die Metapher des Jochs *Christi* wählte, unter dem die reformatorischen Konfessionen zusammengeschmiedet worden seien, gab er der Barmer Erklärung eine Autorität, der zu widersprechen „*Ungehorsam* gegen den Willen des Herrn Jesus Christus an uns in dieser Stunde"[12] dargestellt hätte. Indem er zugleich vom *Joch* Christi sprach, vermied er jedweden Anklang an Bekenntnisbegrifflichkeiten und betonte ausdrücklich die „Verantwortung vor dem anvertrauten Bekenntnisgut". Das Votum ist damit zugleich von einer deutlichen *Bejahung* der Barmer Erklärung als eines Gottesgeschenkes *und* von einer *Zurückhaltung* gegenüber ihrer Stellung als Bekenntnis geprägt. Im späteren Rückblick antwortete Hahn in ganz vergleichbarer Weise auf die Frage, „ob das Barmer Bekenntnis den Charakter eines Symbols trage": „Ich sage dazu ‚ja' insofern, als hier wirklich ein Wort zu den großen Irrtümern der Zeit gesprochen worden ist, das zweifellos vom Heiligen Geist gewirkt und eine Notwendigkeit war. Ich sage aber auch ‚nein' dazu insofern, als eine Gegenwart weiser tut, abzuwarten, ob die Späteren diesem oder jenem Wort durch Gottes Führung eine dauernde Bedeutung als Symbol

11 Immer (Hg.), Bekenntnissynode (s. Anm. 2), 25 f.

12 A.a.O., 26.

der Kirche zuerkennen."[13] Ohne Zweifel sei und bleibe die Barmer Erklärung aber „die größte theologische Tat, die Gott der BK geschenkt hat."[14]
Diese positive Würdigung der Barmer Thesen ist insofern bemerkenswert, als sie bei Hugo Hahn gleichzeitig mit einer deutlichen Kritik an der reformierten Ekklesiologie und unionistischen Tendenzen einherging: „Mir wurde immer mehr zu Gewissheit, dass ich in Verantwortung für meine sächsische Landeskirche ihren lutherischen Bekenntnischarakter verteidigen müsste."[15] Hahn sprach von einem „lutherischen Kurs [...], den [...] [er] seitdem im Reichsbruderrat und in Sachsen beibehalten habe."[16] Dieser ‚sächsische Weg'[17] führte ihn dazu, den Trennungsbeschlüssen der Dahlemer Synode vom Herbst 1934 nicht uneingeschränkt zu folgen. Vielmehr hielt er es theologisch für verantwortbar, mit dem 1935 eingesetzten Reichskirchenausschuss und dem sächsischen Landeskirchenausschuss zusammenzuarbeiten, obwohl darin auch ‚Deutsche Christen' mitarbeiteten.[18] „Ich hatte", so schrieb er im Rückblick,

> „in Barmen in meinem Schlussvotum meine Freude über das Zusammengehen mit den Reformierten ausgesprochen und war bereit, die brüderliche Gemeinschaft mit ihnen zu pflegen. Aber in Oeynhausen hatte ich nun in dem Ansturm gegen unsere Lösung in Sachsen und in der Sturheit der Antiausschusspolitik der Dahlemer den reformierten Doktrinarismus und seine Gesetzlichkeit erschütternd erlebt. Gerade aus dieser Erfahrung habe ich gelernt, dass es [...] ein kostbares lutherisches Erbe [gibt], das wir ‚erwerben müssen, um es zu besitzen'."[19]

---

[13] Hugo Hahn, Kämpfer wider Willen. Erinnerungen des Landesbischofs von Sachsen D. Hugo Hahn aus dem Kirchenkampf 1933–1945, bearb. u. hg. von Georg Prater, Metzingen 1969, 77.
[14] A.a.O., 76.
[15] A.a.O., 95.
[16] Ebd. [Hinzufügung: U. L.]
[17] Vgl. Nicolaisen, Hugo Hahn (s. Anm. 6), 265.
[18] Vgl. Hahn, Kämpfer wider Willen (s. Anm. 13), 112–126; Prater, Bischof Hahn (s. Anm. 8), 48–50; Nicolaisen, Hugo Hahn (s. Anm. 6), 264 f.
[19] Hahn, Kämpfer wider Willen (s. Anm. 13), 131 [Hinzufügung: U. L.].

2. *In Übereinstimmung mit der Erklärung von Barmen: Zur Aufnahme der Theologischen Erklärung in der sächsischen Bekenntnisgemeinschaft*

Das deutschchristliche Landeskirchenamt unter Landesbischof Friedrich Coch verstand Barmen seinerseits als Kampfansage. Bereits zwei Wochen nach der Bekenntnissynode veröffentlichte es eine „Erklärung an das evangelische Sachsenvolk", die mit den „opponierenden Kreise[n]"[20] abrechnete. Diese hätten in Barmen eine „die Gemeinden verwirrende und die Kirche zerstörende Erklärung"[21] verabschiedet. Im Text wird jeder der sechs Barmer Thesen eine konträre Stellungnahme gegenübergestellt. Der Christusoffenbarung, wie sie Barmen I zum Ausdruck bringt, wird beispielsweise entgegengehalten, Christus sei die „lebensschaffende und geschichtsgestaltende Kraft hinter allem Geschehen. Darum erleben wir sein Wirken auch in der Geschichte unseres Volkes. Ereignisse und Mächte, Gestalten und Wahrheiten auch unserer Tage sind nicht neue Offenbarungen neben Christus. Christus führt uns vielmehr in ihre letzten Tiefen hinein."[22] Dem Verwerfungssatz von Barmen III hält die sächsische Erklärung entgegen: „Die Kirche Jesu Christi [...] hat den Ursprung ihrer Existenz in der Christusbotschaft, den Ort ihrer Existenz aber in dem Volke, in dem sie die frohe Botschaft Gottes verkündet."[23] Am Ende wird der Barmer Erklärung vorgeworfen, sie wolle „eine Kirche, abgeschnitten vom Erlebnisstrom des Volkes, verwirklichen", was ein „Abfall von der Reformation Martin Luthers"[24] sei.

Die sächsische Gegenerklärung wiederholte mit ihrer Betonung der aktuellen Geschichtsoffenbarung sowie der Volksgebundenheit der Kirche noch einmal zentrale

---

[20] Bekanntmachung einer Erklärung an das evangelische Sachsenvolk. Vom 15. Juni 1934, in: Kirchliches Gesetz- und Verordnungsblatt der evangelisch-lutherischen Landeskirche des Freistaats Sachsen, Nr. 18/1934 vom 20.6.1934 (A. 347), 79 [Hinzufügung: U. L.].

[21] Ebd.

[22] Ebd.

[23] A.a.O., 80.

[24] A.a.O., 81.

Hugo Hahn

Aussagen, die bereits in den „28 Thesen der sächsischen Volkskirche“[25] zum Ausdruck kamen. Es bedurfte insofern keiner besonderen Auseinandersetzung mit ihr. In die grundsätzliche theologische Kritik, die die Bekennende Kirche ohnehin an den Deutschen Christen übte, waren die Aussagen der Gegenerklärung gewissermaßen immer schon mit eingeschlossen. Insofern ist es dann nicht überraschend, dass es von Seiten der sächsischen Bekenntnisgemeinschaft keine offizielle Erwiderung auf die ‚Erklärung an das evangelische Sachsenvolk‘ gab. Darüber hinaus machten die aktuellen kirchenpolitischen Herausforderungen jeweils rasche Entscheidungen nötig und banden damit Kräfte. Die Dokumente des sächsischen Kirchenkampfes zeigen gerade in dieser Zeit eine Vielzahl parallel zu bearbeitender Konflikte und Herausforderungen. Die Barmer Erklärung löste jedenfalls im unmittelbaren Anschluss an die Wuppertaler Synode innerhalb der sächsischen Bekenntnisgemeinschaft keine kirchenöffentlich geführte Diskussion aus.[26] In den ‚Rundschreiben‘[27] des Landesbruderrates aus dem Jahr 1934 wird sie lediglich an einer Stelle thematisiert. Am 6. Juli 1934 verwies Hugo Hahn auf „die dankenswerte Handreichung von Br. Johne zur Durcharbeitung der durch die Barmer Erklärung angeregten

[25] Die „28 Thesen der sächsischen Volkskirche zum inneren Aufbau der Deutschen Evangelischen Kirche“ waren eine maßgebliche Positionsbestimmung der „Deutschen Christen“ in Sachsen. Sie wurden vom Landeskirchenamt unter Federführung von Oberkirchenrat Walter Grundmann erarbeitet und von der deutschchristlich dominierten Landessynode am 10. Dezember 1934 verabschiedet (vgl. Joachim Fischer, Die sächsische Landeskirche im Kirchenkampf 1933–1937, Halle 1972, 24 f.).

[26] Eine Analyse der Vielzahl unterschiedlicher Dokumente aus der gesamten Zeit des Kirchenkampfes in Sachsen konnte im Zusammenhang dieser Untersuchung nicht vorgenommen werden. Dazu bedürfte es eines eigenen, größeren Forschungsprojektes.

[27] Landesbruderrat der Bekenntnisgemeinschaft der Evang.-lutherischen Kirche in Sachsen (Hg.), Rundschreiben, Landeskirchenarchiv Dresden, Best. 5, Nr. 101,1/2.

Fragen von den Bekenntnisschriften her"[28]. Bei dieser Handreichung handelt es sich um ein einseitiges Typoskript, das zu jeder Barmer These Verweise auf Aussagen der lutherischen Bekenntnisschriften auflistet.[29]

Am 28./29. September 1935 kam in Dresden die erste Synode der Bekennenden Ev.-Luth.-Kirche in Sachsen zusammen.[30] In den veröffentlichten Dokumenten findet die Theologische Erklärung zwar keine ausdrückliche Erwähnung. Dagegen zeigt aber der Text der Synodalverpflichtung, dass Barmen ebenso wie die Erklärungen der darauf folgenden Bekenntnissynoden präsent war. Die Verpflichtung lautet: „Ich gelobe, mein Amt als Synodaler in der Bindung an die Heilige Schrift und die Bekenntnisschriften der evangelisch-lutherischen Kirche auszuüben, und weiß mich gegenüber den Irrlehren unserer Zeit in Übereinstimmung mit den Erklärungen von Barmen, Dahlem und Augsburg."[31] Für diesen Text ist es kennzeichnend, dass er einerseits vor allem auf den Verwerfungscharakter abhebt und andererseits die Barmer Erklärung in einer ganz selbstverständlichen Weise anerkennt.

3. *Kein neues Bekenntnis – keine neue Kirche: Die Theologische Erklärung in der Einschätzung des Lutherrates*

Innerhalb der lutherischen Kirchen Deutschlands bzw. deren Bekenntnisgemeinschaften lässt sich allerdings bereits ab Mitte der 1930er Jahre die Tendenz zu einer zurückhaltenden Bewertung der Theologischen Erklärung beobachten. Dafür waren

---

[28] Rundschreiben 6 vom 6.7.1934, Pkt. 5; Landeskirchenarchiv Dresden, Best. 5, Nr. 101,1, Bl. 101069. *Walter Johne* (1889-1964) war Pfarrer in Kleinrückerswalde-Annaberg. Er trat früh in den Pfarrernotbund ein und war dessen Vertrauenspfarrer in der Ephorie Annaberg. Johne wurde im Februar 1934 zwangsbeurlaubt.

[29] Anlage 3 zum Rundschreiben 6 vom 6.7.1934: Stellen aus den Bekenntnisschriften zur Barmer Erklärung, Landeskirchenarchiv Dresden, Best. 5, Nr. 101,1, Bl. 101072c.

[30] Die Bekenntnisgemeinschaft der Ev.-Luth. Kirche in Sachsen ist wenige Tage vor der Synode, am 26.9.1935, in „Bekennende Ev.-Luth. Kirche in Sachsen" umbenannt worden (Vgl. Georg Walther, Erinnerungen an den kirchlichen Kampf mit dem Nationalsozialismus in Leipzig [1933-1945], 2005, 11).

[31] Fischer, Kirchenkampf (s. Anm. 25), 128.

26. Landessynode im Festsaal im Haus der Kirche/Dreikönigskirche Dresden 2013

nach Wolf-Dieter Hauschild[32] insbesondere zwei kirchenpolitische Entwicklungen maßgeblich. Einerseits nährte die Gründung des Lutherrates am 18. März 1936 die Hoffnung auf die „Bildung einer einheitlichen Lutherischen Kirche Deutschlands“[33] mit einer klaren lutherischen Bekenntnisbindung.

Andererseits wurden die zeitlich parallelen Bestrebungen abgewehrt, der vereinigten ‚Deutschen Evangelischen Kirche' mit der Barmer Erklärung eine gemeinsame Bekenntnisgrundlage zu geben. Die wachsende Zurückhaltung gegenüber den Barmer Thesen drückt sich deutlich in der ‚Stellungnahme des Rates der evangelisch-lutherischen Kirche Deutschlands zur theologischen Erklärung der Bekenntnissynode 1934' vom 17. Februar 1937 aus. Das Votum sieht „in den Barmer Sätzen [...] eine theologische Erklärung, die wegweisend sein will in den heute von jeder Kirche, die das Evangelium bekennt, von

---

32 Vgl. WOLF-DIETER HAUSCHILD, Die Barmer Theologische Erklärung als Bekenntnis der Kirche? Zur Haltung des Lutherrats 1937–1948, in: Barmen und das Luthertum, Hannover 1984, 74 f.

33 A. a. O., 74.

ihrem Bekenntnis aus geforderten Entscheidungen.“[34] Sie betont die Auslegungsbedürftigkeit der Erklärung durch das jeweils eigene Bekenntnis und stellt anschließend fest: „So lehnen wir es ab, aus der Tatsache, dass Lutheraner, Reformierte und Unierte die Theologische Erklärung gemeinsam abgefasst haben, zu folgern, dass hierdurch ein neues Bekenntnis als Grundlage einer neuen Kirche entstanden sei.“[35] Die zurückhaltende Beurteilung drückt sich in diesem Votum des Lutherrates darin aus, dass von den ‚Barmer Sätzen‘ und einer ‚Erklärung‘ gesprochen wird, ohne beispielsweise die in Barmen beschlossene Formulierung von einem ‚christlichen, biblisch-reformatorischen Zeugnis‘ oder andere Kennzeichnungen aufzunehmen. Das Votum vermeidet jede hervorgehobene Einschätzung der Theologischen Erklärung. Diese zurückhaltende Positionierung wurde und blieb für die Mehrheitsmeinung innerhalb des deutschen Luthertums bestimmend.

4. Auslegung der Bekenntnisse für die Gegenwart: Zur Verpflichtungserklärung der Bekennenden Kirche in Sachsen aus dem Jahr 1946

Nach dem Zusammenbruch des Nationalsozialismus begannen im Bereich der sächsischen Landeskirche umgehend Bemühungen um eine Selbstreinigung sowie eine kirchliche Neuordnung. Erich Kotte als Leiter des Landeskirchenamtes und Franz Lau als Landessuperintendent leiteten diesen Prozess maßgeblich.[36] Er erstreckte

---

[34] Stellungnahme des Rates der evangelisch-lutherischen Kirche Deutschlands zur theologischen Erklärung der Bekenntnissynode 1934, in: Junge Kirche 5. Jg. (1937), 231.

[35] A. a. O., 232.

[36] Vgl. Markus Hein, Zur Geschichte der sächsischen Landeskirche in der ersten Hälfte des 20. Jahrhunderts, in: Manfred Gailus/Wolfgang Krogel (Hg.), Von der babylonischen Gefangenschaft der Kirche im Nationalen: Regionalstudien zu Protestantismus, Nationalismus und Nachkriegsgeschichte 1930–2000, Berlin 2006, 378–382; umfassend: ders., Die sächsische Landeskirche nach dem Ende des Zweiten Weltkrieges (1945–1948), Leipzig, 2002. *Erich Kotte* (1886–1961) war Jurist und trat bereits 1934 der Bekennenden Kirche bei. Von 1946 bis 1957 war er Präsident des Landeskirchenamtes (vgl. Hahn, Kämpfer wider Willen [s. Anm. 13], 261). *Franz Lau* (1907–1973) war seit 1932 Pfarrer an der Lutherkirche in Breitingen und trat bereits 1933 dem Pfarrernotbund bei. Seit 1936 war er verantwortlich für die Betreuung der jungen Pfarrer und Vikare. 1940 trat er aus der Bekennenden Kirche aus. Von 1945 bis 1947 nahm Lau als Landessuperintendent die Funktion des

sich über den Zeitraum mehrerer Jahre und kam erst mit der Berufung Hugo Hahns zum Landesbischof im Oktober 1947, mit der Neukonstitution der 16. Landessynode im April 1948 sowie dem Inkrafttreten der Kirchenverfassung im Dezember 1950 zum Abschluss. Strukturen, die sich im Kirchenkampf herausgebildet hatten, bestanden zunächst weiter und beeinflussten den Prozess der Neuordnung. Dazu gehörten auch die Synoden der Bekennenden Ev.-Luth. Kirche in Sachsen.

Für die Rezeption der Barmer Erklärung kommt dabei der Synode vom 22./23. Juni 1946 besondere Bedeutung zu. Die in Dresden zusammengekommenen Synodalen beschäftigten sich hier schwerpunktmäßig mit dem „Selbstverständnis der Bekennenden Kirche heute". Im Verlauf der Tagung verabschiedeten sie den Text einer Verpflichtungserklärung, die eine frühere Fassung aus der Anfangszeit des Kirchenkampfes ablöste.[37] Im Text dieser Verpflichtung heißt es: „Die Bekennende evang.-luth. Kirche in Sachsen ist der Zusammenschluss aller derer, die die Heilige Schrift Alten und Neuen Testaments nach der Auslegung der Augsburger Konfession und der anderen ev.-luth. Bekenntnisschriften als die alleinige Grundlage der Landeskirche und ihrer Verkündigung anerkennen und entschlossen sind, die Verantwortung für ihre Kirche mitzutragen./Die Barmer Theologische Erklärung gilt der Bekennenden Kirche als die rechte Auslegung der Bekenntnisse für die Gegenwart und deshalb als Wegweisung für eine echte Erneuerung der Kirche aus dem Wort und dem Geist Gottes./ Ihre fortdauernde Aufgabe sieht sie in der Ausübung des Wächteramtes für die Kirche und in der Weckung und Bewährung der geistlichen Gaben, die ihr im Kampf um das Evangelium von Gott geschenkt worden sind."[38]

Landesbischofs wahr. Nach Hugo Hahns Wahl zum Landesbischof im Oktober 1947 übernahm Lau einen Lehrstuhl für Kirchengeschichte an der Theologischen Fakultät Leipzig (vgl. Markus Hein, Franz Lau und seine sächsische Landeskirche, in: Ders./Helmar Junghans (Hg.), Franz Lau (1907–1973): Pfarrer, Landessuperintendent und Kirchenhistoriker. Kolloquium zu Leben und Werk am 22. Juni 2007 in der Sächsischen Akademie der Wissenschaften zu Leipzig, Leipzig 2011, 27–38.

[37] Vgl. Fischer, Kirchenkampf (s. Anm. 25), 192. Die frühere Erklärung enthielt keinen Hinweis auf Barmen. In ihr hieß es: „Ich weiß mich als Glied unserer evangelisch-lutherischen Kirche allein an die Heilige Schrift und an ihre rechte Auslegung in den Bekenntnissen der Reformation gebunden."

[38] Ich gebe hier den Text wieder, wie er später auf den Aufnahmeanmeldungen der Bekennenden Kirche abgedruckt worden ist (vgl. Archiv der Ev.-Luth. Bekenntnisgemeinschaft in Sachsen, Mappe I/n 09/1946-03/1949; Mappe III/g 1948–1955). In der Vorlage A 1 der Bekenntnis-Synode vom

Diese Verpflichtungserklärung wurde umgehend in der Praxis angewandt – für Pfarrer ebenso wie für Laien. Sie findet sich bereits im Sommer 1946 auf der Rückseite der Aufnahmeanmeldungen für die Bekennende Kirche. Ihr Text wurde ebenso auf den Mitgliedsausweisen abgedruckt.[39] Auch an anderen Stellen griff man auf die Erklärung zurück. In einem Brief des Landesbruderrates an die Vertrauensleute vom 6. August 1946 wurde die Bildung neuer Bekennender Gemeinden angeregt und anschließend betont: „Die von unserer Synode angenommene neue Verpflichtungserklärung bildet ja einen guten Ansatz dafür."[40] In einem „Vorschlag zur Weiterarbeit der Bekennenden Kirche in Sachsen" vom 12. März 1949 wurde der Passus zur Barmer Erklärung ebenfalls zitiert und anschließend die Notwendigkeit betont, dass „in unseren eigenen Reihen sowohl bei der Pfarrerschaft wie bei den ‚Laien' eine intensive Beschäftigung mit der Barmer Theologischen Erklärung stattfindet." Wenig später heißt es: „Zusammengefasst erscheint uns durch die Verpflichtungserklärung, zu der wir auch heute noch stehen müssen, [...] notwendig die intensive Zurüstung der BK-Gemeinden und Notbundbruderschaften."[41] Der Text der Verpflichtungserklärung und die Dokumente ihrer Rezeption zeigen, dass diese in der sächsischen Bekennenden Kirche in der Nachkriegszeit zu einem wichtigen Referenzpunkt zur Bestimmung des eigenen Selbstverständnisses geworden ist.

Diese Bedeutung erhielt die Theologische Erklärung nicht zuletzt durch den Einfluss maßgeblicher Personen der Bekennenden Kirche. Eine wichtige Rolle spielte dabei Hermann Klemm, der seit dem 1. April 1946 Vorsitzender des Landesbruderrates war. Klemm war seit 1929 Pfarrer in Burkhardswalde bei Pirna, bereits früh Mitglied im Landesbruderrat sowie im Vertrauensrat der sächsischen Bekenntnisgemeinschaft[42]

22./23.06.1946 heißt es statt „mitzutragen" „mitzubringen" (vgl. Landeskirchenarchiv Dresden, Best. 5, Nr. LBR 204, Bl. 204191).

[39] Archiv der Ev.-Luth. Bekenntnisgemeinschaft Sachsens, Mappe I/n 09/1946-03/1949; Mappe III/g 1948–1955.

[40] Landeskirchenarchiv Dresden, Best. 5, Nr. LBR 184, Bl. 18316.

[41] Vorschlag zur Weiterarbeit der Bekennenden Kirche in Sachsen, 12.03.1949, Archiv der Ev.-Luth. Bekenntnisgemeinschaft Sachsens, Mappe I/n 09/1946-03/1949. Im Typoskript des Textes wurde nachträglich das Wort „Vorschlag" durchgestrichen.

[42] Vgl. HAHN, Kämpfer wider Willen (s. Anm. 13), 264. *Ernst Hermann Klemm* wurde 1904 geboren. Er „war nach dem Zusammenbruch lange Zeit Vorsitzender der BK" (ebd.) und wurde 1951 als

und setzte sich an verschiedenen Stellen, wie noch zu zeigen sein wird, mit Nachdruck für eine angemessene lutherische Würdigung der Theologischen Erklärung ein.[43]

Die in der sächsischen Verpflichtungserklärung gewählte Formulierung ist allerdings nicht neu. In einer Denkschrift der Württembergischen Landeskirche aus dem Jahr 1938 hieß es bereits: „Wir sehen in der Barmer theol. Erklärung die notwendige gegenwärtige Entfaltung des reformatorischen Bekenntnisses."[44] Der Bruderrat der EKiD hatte darüber hinaus in einem Beschluss vom 20. März 1946 die Barmer Erklärung „als verbindliche Auslegung der reformatorischen Bekenntnisse anerkannt"[45].

Mit diesen Charakterisierungen tritt eine weitere Interpretationsfigur der Theologischen Erklärung hervor. Mit ihr soll deren Bedeutung dadurch vom Bekenntnis unterschieden werden, dass Barmen als Auslegung bzw. Entfaltung des Bekenntnisses beschrieben wird. Die Formulierung bleibt allerdings schillernd und lässt Interpretationsspielräume. Sie kann einerseits so verstanden werden, dass sich in der Barmer Erklärung *das reformatorische Bekenntnis* entfaltet. Andererseits lässt sie aber auch die Deutung zu, dass die *Barmer Erklärung* das reformatorische Bekenntnis entfaltet. In diesem Fall würde Barmen seinerseits zu einer Auslegungsnorm des Bekenntnisses und damit bekenntnisanalog. In diesem Sinn hatte beispielsweise die altpreußische Bekenntnissynode im Mai 1937 Barmen als ein Zeugnis bezeichnet, „ohne welche[s] die bei uns geltenden Bekenntnisse nicht recht gelehrt und wahrhaft bekannt werden können"[46].

Dazu kommt noch ein weiterer Umstand: Da die Verpflichtungserklärung auch die Pfarrer der Bekennenden Kirche einschloss, ergänzte sie indirekt deren Ordinations-

---

Superintendent von Meißen berufen. Klemm starb 1983.

[43] Möglicherweise trug Klemm auch dazu bei, dass die genannte Formulierung in die Verpflichtungserklärung aufgenommen wurde. Während der Plenardebatte der 16. Landessynode vom 16. April 1948 sprach er in vergleichbarer Weise davon, „dass wir uns [...] ganz ernsthaft [...] als Lutheraner, die es mit der Lehre ernst meinen, von Barmen in die rechte Lehre des Evangeliums nach unserem Bekenntnis hineinführen lassen" (Verhandlungen der 16. evangelisch-lutherischen Landessynode der Evangelisch-Lutherischen Landeskirche Sachsens 1948–1953, Bd. I, 89).

[44] Denkschrift des Württembergischen Oberkirchenrates ‚Unsere Zugehörigkeit zur bekennenden Kirche' vom März 1938, in: Lutherisches Kirchenamt Hannover (Hg.), Lutherische Generalsynode 1948, Berlin 1956, 226; vgl. Hauschild, Die Barmer Theologische Erklärung (s. Anm. 32), 77.

[45] Landeskirchenarchiv Dresden, Best. 2, Nr. 295, Bl. 46.

[46] Martin Heimbucher/Rudolf Weth (Hg.), Die Barmer Theologische Erklärung. Einführung und Dokumentation, Neukirchen-Vluyn [7]2009, 78.

verpflichtung und erhielt dadurch eine Bedeutung, die dieser nahekommt. Die Formulierung selbst sowie der Verpflichtungscharakter der Erklärung werfen insofern eine Reihe von offenen Fragen auf.

5. *Dem Anliegen Rechnung tragen: Die sächsische Stellungnahme zur Aufnahme der Theologischen Erklärung in die Ordinationsverpflichtung*

Das Thema der Ordinationsverpflichtung wurde in den ersten Nachkriegsjahren zum unmittelbaren Gegenstand einer Auseinandersetzung im Lutherrat. Ausgangspunkt war der Beschluss der Westfälischen Kirche vom 18. Juli 1946, mit dem die Barmer Erklärung in die Lehrverpflichtung für die lutherischen Pfarrer aufgenommen worden war.[47] Der bayerische Landesbischof Hans Meiser erstellte daraufhin den Entwurf zu einer Stellungnahme des Lutherrates, der solchen Bestrebungen eine klare Absage erteilte.[48] Die Reaktionen der Mitgliedskirchen des Lutherrates fielen unterschiedlich aus: So hielten die württembergische Landeskirche sowie Lübeck und die Lippische Lutherische Klasse eine Ordinationsverpflichtung unter Einbeziehung der Theologischen Erklärung für möglich.[49] Alle übrigen Kirchen lehnten dies ab. Die sächsische Antwort auf die Initiative des bayerischen Landesbischofs Hans Meiser trägt die Unterschrift von Gottfried Noth.[50] Er schrieb: „Das Landeskirchenamt teilt die schwerwiegenden Bedenken dagegen, die Barmer Theologische Erklärung in das Ordinationsformular aufzunehmen.“ Darüber hinaus dürfe ihr auch nicht „die Rolle

---

[47] Beschluss der Westfälischen Provinzialsynode über die Nennung der Barmer Theologischen Erklärung bei der Ordination, vom 18. Juli 1946, Landeskirchenarchiv Dresden, Best. 2, Nr. 295, Bl. 47.

[48] Vgl. Brief des Rates der Evang.-Luth. Kirche Deutschlands an alle angeschlossenen Kirchen vom 23. Oktober 1946; Landeskirchenarchiv Dresden, Best. 2, Nr. 295, Bl. 45 f.

[49] Vgl. Brief des Rates der Ev.-Luth. Kirche Deutschlands an die Kanzlei der EKiD vom 7. Januar 1947, Landeskirchenarchiv Dresden, Best. 2, Nr. 295, Bl. 58.

[50] *Gottfried Noth* (1905–1971) war seit 1932 Pfarrer in Zethau und ab 1942 in Dresden. Er war Mitglied des Pfarrernotbundes und der Bekennenden Kirche. 1945 wurde er kommissarischer Oberlandeskirchenrat und 1950 Dezernent im Landeskirchenamt. Von 1953 bis 1971 war Noth Landesbischof der Evangelisch-Lutherischen Landeskirche Sachsens.

zugewiesen werden, dass sie anstelle der geltenden Bekenntnisse ein neues Unionsbekenntnis setzen soll". Zugleich aber lag der sächsischen Antwort an einer maßvollen, positiven Bewertung: „Damit ist allerdings in keiner Weise eine Ablehnung der Barmer Theologischen Erklärung ausgesprochen. Es wäre im Gegenteil zu erwägen, in welcher Weise man dem Anliegen Rechnung tragen könnte, das mit der Aufnahme der Erklärung in das Ordinationsformular gewahrt werden soll."[51] Noth ließ an dieser Stelle offen, in welcher anderen Form das Anliegen angemessen berücksichtigt werden könnte. Der zwei Jahre später von einem Sonderausschuss der sächsischen Landessynode entwickelte Zusatz zum Verfassungsentwurf der VELKD lässt sich aber durchaus als eine Form verstehen, mit der diese Absicht umgesetzt wurde. Gottfried Noth arbeitete in diesem Ausschuss mit.[52]

6. Bejahung der in Barmen gewonnenen Erkenntnisse: Zur Bewertung der Barmer Erklärung im Rahmen der Verfassungsdiskussion der VELKD

Für die Bewertung der Barmer Theologischen Erklärung waren – gerade in der Zeit des Kirchenkampfes sowie der Neuordnung der Landeskirche – stets auch einzelne Personen von Bedeutung. Vertretern der Bekennenden Kirche wurden wichtige Leitungsämter übertragen.[53] Einige von ihnen trugen mit ihrer Einschätzung der Barmer Erklärung dazu bei, dass die sächsischen Stellungnahmen eigene Akzente setzten und die Tendenz zur Minorisierung von Barmen nicht teilten. Das wird insbesondere in der Diskussion um den Verfassungsentwurf der VELKD in den Jahren 1947/48

---

[51] Brief vom 10.12.1946 an den Rat der EKiD, Landeskirchenarchiv Dresden, Best. 2, Nr. 295, Bl. 49.

[52] Vgl. Landeskirchenarchiv Dresden, Best. 1, Nr. 43, Bl. 1.

[53] Zu nennen sind beispielweise *Hugo Hahn* als Landesbischof (vgl. Anm. 6–10), *Erich Kotte* als Präsident des Landeskirchenamtes (vgl. Anm. 36), *Gottfried Noth* als Oberlandeskirchenrat und Dezernent im Landeskirchenamt (vgl. Anm. 50) sowie *Reimer Mager* als Synodalpräsident. *Reimer Mager* (1906–1966) war vor der Machtergreifung der Nationalsozialisten Landesgeschäftsführer des Gesamtverbandes Christl. Gewerkschaften Deutschlands. Er spielte eine zentrale Rolle beim Aufbau der Bekennenden Ev.-Luth. Kirche in Sachsen und war von 1948 bis zu seinem Tod im Jahr 1966 Präsident der Landessynode der Evangelisch-Lutherischen Landeskirche Sachsens (vgl. HAHN, Kämpfer wider Willen [s. Anm. 13], 260).

deutlich. In diesem Zusammenhang wurde kontrovers diskutiert, ob Barmen in der Verfassung Erwähnung finden solle.

Zeitgleich setzten sich in den ersten Nachkriegsjahren auch die Bestrebungen zur Bildung der EKiD fort. Ihr Bruderrat hatte auf seiner Darmstädter Tagung vom 19./20. März 1946 einen Beschluss gefasst, der „die Barmer Theologische Erklärung als Grundlage und Bezugspunkt der kirchlichen Neuordnung proklamierte“[54]. Dies nährte die Sorge des Lutherrates, Barmen könnte zur Bekenntnisgrundlage der EKiD und damit einer Unionskirche werden.

Diese nicht unbegründete Sorge ließ im Lutherrat die Auffassung erstarken, in den eigenen Stellungnahmen die Hinweise auf Barmen ganz auszusparen bzw. sehr restriktive Formulierungen zu treffen. Barmen sollte in die VELKD-Verfassung möglichst gar nicht aufgenommen werden. Allerdings rief diese starke Abgrenzung auch Widerstand hervor. In Sachsen machte Hermann Klemm als Vorsitzender des Landesbruderrates während einer Vertrauensmännersitzung am 7. März 1947 gegenüber Bischof Meiser geltend: „Der VE [Verfassungsentwurf der VELKD; U. L.] bringt die Theologische Erklärung von Barmen nicht zur Geltung.“[55]

In seiner ‚Entschließung zu einem Verfassungsentwurf der VELKD‘ vom 4. Juni 1947 wiederholte der Lutherrat seine Bedenken gegenüber einer Erwähnung von ‚Barmen‘ noch einmal und begründete sie damit, dass in der Bewertung der Theologischen Erklärung „so tiefgreifende Unterschiede vorliegen und vor allem in der Auslegung ihrer positiven Aussagen keine Klarheit und Einmütigkeit besteht“[56]. Die Entschließung wählte in diesem Zusammenhang eine Formulierung, deren zweiter Satz später tatsächlich Aufnahme in die VELKD-Verfassung fand: „Die VELKD steht bewusst auf dem Boden der in Barmen beschlossenen sachlichen Entscheidungen. Die dort ausgesprochenen Verwerfungen bleiben in ihrer Auslegung durch das lutherische Bekenntnis

[54] Hauschildt, Die Barmer Theologische Erklärung (s. Anm. 32), 86.

[55] Brief des Landesbruderrates der Bekennenden Ev.-Luth. Kirche in Sachsen an die Vertrauensmänner, Landeskirchenarchiv Dresden, Best. 5, Nr. LBR 184, Bl. LBR 184342 a.

[56] Entschließung des Rates der Evangelisch-lutherischen Kirche Deutschlands (Lutherrat) zu dem Entwurf der Verfassung der VELKD vom 4. Juni 1947, in: Heinz Brunotte, Die Grundordnung der Evangelischen Kirche in Deutschland. Ihre Entstehung und ihre Probleme, Berlin 1954, 305 f.

für unser kirchliches Handeln maßgebend.“[57] Damit liegt eine weitere Deutungsfigur vor. Sie bezieht sich auf die gesamte Bekenntnissynode, vermeidet die ausdrückliche Nennung der Theologischen Erklärung und fokussiert den Verwerfungscharakter der Barmer Beschlüsse.

Die 16. Landessynode der Evangelisch-Lutherischen Landeskirche Sachsens beschäftigte sich unmittelbar nach ihrer Neukonstituierung am 5. April 1948 mit den kirchlichen Zusammenschlüssen. Bereits am selben Tag setzte sie einen ‚Sonderausschuss für gesamtkirchliche Verfassungsfragen‘ ein, dem neben neun Landessynodalen auch Landesbischof Hugo Hahn und der Präsident des Landeskirchenamtes, Erich Kotte, angehörten.[58] In der Beratung des Ausschusses wurde der Text einer Stellungnahme erarbeitet, einmütig beschlossen und am 16. April 1948 mit Antrag 37 in das Plenum der Synode eingebracht. Er hat folgenden Wortlaut:

> „Die Landessynode stimmt dem bayerischen Vorschlag zu, an Artikel 3 folgenden Wortlaut in der Verfassung anzufügen: /‚Die Vereinigte Kirche mit den anderen evangelischen Kirchen in Deutschland in einem Bund bekenntnisbestimmter Kirchen zusammengeschlossen wahrt und fördert die im Kampf um das Bekenntnis geschenkte, auf der Bekenntnissynode von Barmen 1934 bezeugte Gemeinschaft.‘ / Uns scheint aber notwendig, dass noch hinzugefügt wird: /‚und bejaht die dort gewesenen Erkenntnisse‘.“[59]

In die Dokumentation der Synode hat sich an dieser Stelle offenbar ein Fehler eingeschlichen. Wie aus dem der VELKD vorgelegten sächsischen Verfassungsentwurf sowie aus mehreren Beiträgen in der Plenardebatte hervorgeht, lautete der korrekte

---

[57] A. a. O., 305.

[58] Antrag Nr. 8, in: Akten der 16. evangelisch-lutherischen Landessynode der Evangelisch-Lutherischen Landeskirche Sachsens, 1948–1953, Zweite Abt., B 3. Vorsitzender des Ausschusses war Carl Heinrich Ihmels, sein Stellvertreter Hermann Klemm (vgl. Landeskirchenarchiv Dresden, Best. 1, Nr. 43, Bl. 1).

[59] Antrag Nr. 37, in: Akten der 16. Landessynode (s. Anm. 58), B 8.

Zusatz: „und bejaht die dort gewonnenen Erkenntnisse“[60]. In der Begründung zu den Änderungen, die die sächsische Landeskirche gegenüber der VELKD gab, wird die Intention des Zusatzes wie folgt angegeben: „Ohne dass die Barmer Theologische Erklärung von 1934 in die Reihe der Bekenntnisschriften aufgenommen werden soll, erscheint es doch nötig, sie stärker als Verpflichtung für das Handeln der Vereinigten Kirche in der Verfassung zu betonen. Die Erweiterung des Art. 2 gibt diesem Anliegen Ausdruck.“[61] Mit ihrem Erweiterungsvorschlag griffen die sächsischen Synodalen eine Sprachfigur auf, die bereits zuvor geprägt worden war. Sie findet sich beispielsweise in einem Brief des Bruderrates der EKiD an den Rat der VELKD vom Januar 1947. Der Bruderrat kritisierte damals an den Verfassungsentwürfen der VELKD das Fehlen jedes Hinweises „auf die verpflichtende Bedeutung der im Kirchenkampf gewonnenen und dort bezeugten Erkenntnisse“[62].

Die Plenaraussprache innerhalb der sächsischen Landessynode verlief kontrovers. Einigen Synodalen ging der Entwurf nicht weit genug. So fragte der Einsiedler Pfarrer Herbert Tolkmitt[63], der selbst Mitglied des Sonderausschusses war: „Warum können wir nicht sagen: Wir bejahen die Theologische Erklärung von Barmen für uns auch heute?“[64] Für andere ging der Formulierungsvorschlag bis an die Grenze dessen, was ihnen ihr Gewissen möglich machte. So wandte sich der Leipziger Dogmatiker Ernst Sommerlath – ebenfalls Mitglied des Sonderausschusses – entschieden gegen eine Interpretation der Erweiterung, die die Barmer Erklärung einbezieht: „Wenn [...] mit dem Satz ‚sie bejaht die dort gewonnenen Erkenntnisse‘ die Theologische Erklärung

---

60 Vgl. LUTHERISCHES KIRCHENAMT (Hg.): Lutherische Generalsynode 1948, Berlin 1956, 157; vgl. zur Plenardiskussion: Verhandlungen der 16. evangelisch-lutherischen Landessynode der Evangelisch-Lutherischen Landeskirche Sachsens 1948–1953, Bd. I, 95 (Sommerlath), 96 (Aé), 100 (Ihmels, mehrfach).

61 Bemerkungen zum Entwurf der Evangelisch-Lutherischen Landeskirche Sachsens für eine Verfassung der Vereinigten Evangelisch-Lutherischen Kirche Deutschlands, in: Lutherische Generalsynode 1948, 190.

62 Beschluss des Bruderrates der EKiD auf seiner Sitzung am 19. u. 20.1.1947, Landeskirchenarchiv Dresden, Best. 2, Nr. 3527, Bl. 7.

63 Pfarrer *Herbert Friedrich Karl Tolkmitt* (1910–1992) war seit 1946 Pfarrer in Einsiedel. 1958 wurde er zum Superintendenten der Ephorie Löbau berufen. Später arbeitete er als Oberkirchenrat im Landeskirchenamt.

64 Verhandlungen der 16. Landessynode (s. Anm. 43), a.a.O., 93.

gemeint ist, so verstehe *ich* das nicht so. [...] Ich kann also nicht zustimmen, dass die Theologische Erklärung als solche gemeint sei. Ich kann das nicht, so sehr ich die Erkenntnisse bejahe."[65] Wie die oben zitierte Begründung des Landeskirchenamtes gegenüber der VELKD zeigt, war – entgegen Sommerlaths Plädoyer – mit der sächsischen Ergänzung gleichwohl die Theologische Erklärung selbst gemeint.

Die Abstimmung zu diesem Teil des Antrages 37 erfolgte einstimmig.[66] Unmittelbar im Anschluss an die Beschlussfassung ergriff Landesbischof Hahn das Wort. Er habe die Abstimmung nicht beeinflussen wollen, sagte er, jetzt aber wolle er etwas zu dieser Entscheidung sagen. In seinem Beitrag bezog sich Hahn auf den spezifischen „lutherischen Kurs"[67] der bereits seit ‚Dahlem' und ‚Bad Oeynhausen' den Weg der sächsischen Landeskirche bestimmt habe:

> „Wir gehen eine guten, vertrauten Weg, den Gott gerade uns Sachsen bisher geführt hat. [...] Gott hat uns [...] auf diesem Wege schon viel Gnade geschenkt und hat unserer sächsischen Kirche immer wieder Gelegenheit gegeben, wohl als Prügelknabe zwischen den Fronten zu stehen, und doch auch das im Segen. Immer wieder sind wir von allen Seiten angegriffen worden deswegen und sind eigentlich fast immer allein gestanden auf schmalem Grat der Entscheidung, zugleich voll und ganz für unsere lutherische Kirche und für ihre Vereinigung und doch zugleich ebenso voll und ganz in der vollen Verbundenheit und der vollen Verantwortung für die gesamte EKiD. Dieser traditionelle Weg war aber auch stets der: ‚Gehe hin, rede und schweige nicht'. Sage nach beiden Seiten, was dir Gott aufgetragen hat zu sagen, was dir geschenkt ist."[68]

Das heiße ‚Ja' sagen, wo es möglich ist, und ‚Nein', wo dies erforderlich sei. ‚Ja' gesagt hatte die Synode gerade zum Anschluss an die VELKD. Zugleich sei aber auch ‚Nein' zu

---

65 Verhandlungen der 16. Landessynode (s. Anm. 43), 95.

66 Vgl. a.a.O., 102.

67 Vgl. HAHN, Kämpfer wider Willen (s. Anm. 13), 95.

68 Verhandlungen der 16. Landessynode (s. Anm. 43), 102.

sagen: „Wir werden [...] nein sagen müssen zu all dem, was auf eine Trennung von den Brüdern der EKiD außerhalb der VELKD hintreibt. Nein, das werden wir nicht mitmachen.“[69]

Der sächsische Ergänzungsvorschlag führte auf der VELKD-Generalsynode vom 6. bis 8. Juli 1948 zu einer harten Kontroverse. Der Erlanger Theologe Walter Künneth, der zu Beginn der Synode das Grundsatzreferat hielt, attackierte den sächsischen Vorschlag massiv: „In der näheren Erläuterung der sächsischen Vorlage wird darauf hingewiesen, dass diese Erweiterung bewusst so zu verstehen ist, dass die Theologische Erklärung von Barmen auf diese Weise wieder zu ihrem vollen Recht kommen soll. Gegen diese Auslegung müssen wir uns mit aller Klarheit wenden.“[70] Künneth drohte damit, dass namhafte Vertreter der bayerischen Landessynode die Ratifizierung der Verfassung unter diesen Umständen ablehnen würden. Darüber hinaus sei die Formulierung unklar. „Es kann die Frage entstehen, was verstehen wir unter diesen ‚Erkenntnissen‘? Rein theologisch kann die lutherische Kirche das ‚Bekenntnis‘ von Barmen nicht bejahen.“[71] Hermann Klemm konterte nicht weniger deutlich: „Wir Sachsen können nicht nach Hause kommen und dort die Annahme einer Verfassung empfehlen, die weniger enthält, als wir in dieser Hinsicht vorgeschlagen haben.“ Klemm räumte ein, dass es auch in der sächsischen Synode Meinungen gebe, „die sich ohne weiteres den Worten des Prof. D. *Künneth* anschließen“.[72] Zugleich gebe es „aber auch sehr viele andere, [...] denen das zu wenig ist, und die da meinen, dass eine Ev.-Luth. Kirche der Zukunft ohne eine klare theologische Auseinandersetzung mit der Theologischen Erklärung von Barmen nicht bestehen kann.“[73]

Auf der Herbsttagung des Jahres 1948 berichtete Hermann Klemm den sächsischen Landessynodalen, dass die Formulierung zu Missverständnissen sowie zu einem Widerspruch aus der bayerischen Kirche geführt habe: „Es zeigte sich, dass nicht nur

---

69 A. a. O., 103.
70 Lutherische Generalsynode 1948, 77.
71 A. a. O., 78.
72 A. a. O., 82 f.
73 A. a. O., 83.

in Sachsen diese Formulierung von den verschiedensten Brüdern, [...] verschieden verstanden und nachgetastet worden ist, sondern dass sie auch im Raume der lutherischen Kirche als Ganzer sehr verschiedenes Verständnis gefunden hat."[74] Deshalb habe man auf der Generalsynode der VELKD am 8. Juli 1948 für die Verfassungsformulierung in Artikel 2 gestimmt: „„Die Vereinigte Kirche [...] wahrt und fördert die im Kampf um das Bekenntnis, auf der Bekenntnissynode von Barmen 1934 bezeugte Gemeinschaft. Die dort ausgesprochenen Verwerfungen bleiben in der Auslegung durch das lutherische Bekenntnis für unser kirchliches Handeln maßgebend.'"[75]
Obwohl der Verfassungstext erkennbar defensiv formuliert war, gab ihm Klemm in seiner Einbringung doch eine offensive Interpretation:

> „Wir haben Barmen klar übernommen für die lutherische Kirche und auch für unsere Kirche als das große Anathema, die große Verwerfung alles dessen, was nicht mit Gottes Wort übereinstimmt, soweit es im Jahre 1934 uns sichtbar geworden war und heute weithin noch in derselben Weise von uns verworfen werden muss [...]. Wir glauben, damit wirklich auch unserer eigenen Kirche den besten Dienst erwiesen zu haben, dass wir sie hineinstellen in den Strom geistiger Erneuerung, der nun von Barmen 1934 her über das ganze Luthertum Deutschlands bisher ausgegangen ist und von dem wir hoffen, dass es auch ein Strom ist, der selbst im ökumenischen Raum des Luthertums seine Wirksamkeit und Dringlichkeit behalten wird."[76]

---

[74] Verhandlungen der 16. Landessynode (s. Anm. 43), 166.

[75] HEIMBUCHER/WETH (Hg.), a. a. O. (s. Anm. 46), 82. In der Synodalmitschrift heißt es davon abweichend: „Die Vereinigte Kirche [...] wahrt und fördert den Kampf um das Bekenntnis, auf der Bekenntnissynode von Barmen 1934 bezeugte Gemeinschaft" (Verhandlungen der 16. Landessynode [s. Anm. 43], 167).

[76] Verhandlungen der 16. Landessynode (s. Anm. 43), 167. Klemms Ausführung macht deutlich, dass eine weitere Intention der VELKD-Verfassungsformulierung darin bestand, den Dialog und die Gemeinschaft mit den lutherischen Freikirchen zu fördern.

7. Keine Änderung der Bekenntnisgrundlage: Zur Diskussion über den Abdruck der Barmer Erklärung im Anhang des Evangelischen Kirchengesangbuchs

Mit der Formulierung des Art. 2 der VELKD-Verfassung setzte sich 1948 die zurückhaltende und defensive Lesart von Barmen durch. Die Theologische Erklärung als solche wird nicht benannt. Lediglich die in Barmen ausgesprochenen Verwerfungen werden als maßgebend für das kirchliche Handeln eingeschätzt. Die Evangelisch-Lutherische Landeskirche Sachsens nahm diese Formulierung auch in § 2 Abs. 2 ihrer eigenen Verfassung vom 13. Dezember 1950 auf. In der sächsischen wie in den übrigen lutherischen Landeskirchen dominierte von da ab für längere Zeit eine erkennbare Zurückhaltung gegenüber Barmen.

Ein Beispiel für diese abwehrende Einstellung ist die im Jahr 1970 geführte Diskussion der sächsischen Landessynode über den Abdruck der Barmer Theologischen Erklärung im Anhang des Evangelischen Kirchengesangbuchs. Für die Novellierung des EKG hatten die drei lutherischen Landeskirchen in der DDR einen gemeinsamen Anhang verabredet. Die Barmer Erklärung war dafür nicht vorgesehen. Auf einer Sondersitzung am 6. Juni 1970 diskutierte die Landessynode u. a. über einen Antrag, der die Aufnahme der Erklärung in den gemeinsamen Anhang vorsah. Der Leipziger praktische Theologe Gottfried Voigt sprach sich damals mit folgender Begründung gegen eine solche Aufnahme aus: Wir „sind im Begriffe, an der Bekenntnisgrundlage unserer sächsischen Landeskirche eine Änderung vorzunehmen. Darauf kommt es praktisch hinaus. Selbst wenn die Barmer Theologische Erklärung nicht mit dem Etikett ‚Bekenntnis' versehen ist und auch wird, faktisch läuft es darauf hinaus."[77] Im Verlauf der kontroversen Plenardebatte wurde ein alternativer Antrag eingebracht, der vorsah, das ursprüngliche Ansinnen zurückzunehmen und „die Erklärung von Barmen als Sonderdruck mit gegebenenfalls erforderlichen Erläuterungen erscheinen zu

---

[77] Landeskirchenarchiv Dresden, Best. 1, Nr. 404, Bl. 146 f.

lassen“[78]. Dieser Antrag wurde mit einer Gegenstimme angenommen.[79] Zur Publikation dieser Einlage ist es nicht gekommen. So sparte das Evangelische Kirchengesangbuch der Evangelisch-Lutherischen Landeskirche Sachsens die Barmer Erklärung dauerhaft aus. Erst das 1994 eingeführte Evangelische Gesangbuch korrigierte dieses Fehlen.

8. *Bejahung als Zeugnis des Glaubens: Die Kundgebung der 26. Landessynode zur Barmer Theologischen Erklärung*

Während der folgenden Jahre kam es auf der kirchenleitenden Ebene der sächsischen Landeskirche nur zu wenigen Diskussionen, in denen die Bedeutung der Barmer Erklärung eine Rolle spielte. Anlässlich des 50-jährigen Barmen-Jubiläums im Jahr 1984 veröffentlichten der Bund der Evangelischen Kirchen in der DDR (BEK) und die EKD ein gemeinsames „Wort an die Gemeinden zum Barmen-Gedenken“. Es ist vom Vorsitzenden der Konferenz der Evangelischen Kirchenleitungen in der DDR, dem sächsischen Landesbischof Johannes Hempel, sowie dem Ratsvorsitzenden der EKD, dem hannoverschen Landesbischof Eduard Lohse, unterzeichnet. Das Wort hält es für ungenügend, die „Barmer-Erklärung einfach zu wiederholen“, und betont deshalb die aktuellen Aufgaben, „Gemeinschaft in Wort und Sakrament“ zu suchen, „Jesus Christus zu bekennen gegenüber den Irrlehren unserer Zeit“ sowie „die Verantwortung des Glaubens in unserer Welt wahrzunehmen“. Barmen wird als Ruf zur Buße sowie als Hilfe verstanden, „das Erbe der Väter für das Zeugnis in unserer Zeit aufzunehmen“.[80] Zwei Jahre später beriet die 22. sächsische Landessynode auf ihrer Frühjahrstagung über die ‚Gemeinsame Erklärung zu den theologischen Grundlagen der Kirche und ihrem Auftrag in Zeugnis und Dienst‘. Sie war zuvor auf der Ebene des BEK verabschiedet und anschließend den einzelnen Landeskirchen zur Beschlussfassung zugeleitet

---

[78] A. a. O., Bl. 153.
[79] A. a. O., Bl. 154.
[80] Wort an die Gemeinden zum Barmen-Gedenken, in: Bund der Ev. Kirchen in der DDR (Hg.), Gemeinsam unterwegs. Dokumente aus der Arbeit des Bundes der Ev. Kirchen in der DDR 1980–1987, Berlin 1989, 202.

worden. Die sächsische Synode stimmte der Erklärung bei sechs Gegenstimmen zu.[81] In der Plenardiskussion spielte die dort getroffene Formulierung zur Barmer Erklärung[82] keine Rolle.

Erst im Jahr 2009 kam es zu einer vertiefenden Wiederaufnahme der Diskussion über die Bedeutung der Barmer Erklärung. Landesbischof Jochen Bohl griff in seinem Bericht vor der 26. Landessynode das 75-jährige Barmen-Jubiläum auf und ging auf die Bedeutung der Theologischen Erklärung ein: „An den Einsichten von Barmen orientierten sich die Gemeinden der Bekennenden Kirche in den Jahren des Kirchenkampfes; und die Kirche ist heute und auch in der Zukunft an sie gebunden. Ich meine auch, dass wir dies gerade in den lutherischen Kirchen noch deutlicher herausstellen sollten, um der bleibenden Bedeutung willen, die die Theologische Erklärung als Formulierung des im Evangelium begründeten Widerstands gegen die totalitären Ideologien und Staatsformen des 20. Jahrhunderts hat. Darin liegt eine Lernerfahrung unserer reformatorischen Kirchen, die in ihrer Bedeutung kaum überschätzt werden kann; und insofern meine ich, dass Weiterarbeit nötig ist und das Votum des Theologischen Ausschusses der VELKD aus diesem Jahr zu der Frage des Bekenntnischarakters von Barmen nicht das letzte Wort bleiben sollte."[83] Jochen Bohl bezog sich mit seiner For-

---

[81] 25. öffentliche Sitzung der 22. Ev.-Luth. Landessynode vom 17. März 1986, Abstimmung zum Antrag Drucksache Nr. 95, Landeskirchenarchiv Dresden, Best. 1, Nr. 749, Bl. 76.

[82] Die Formulierung unter Nr. 6 lautet: „Die Evangelische Kirche versteht die Theologische Erklärung von Barmen als Ausdruck gemeinsamen Bekennens von Vertretern lutherischer, unierter und reformierter Kirchen und Gemeinden, das 1934 im Kirchenkampf zur Abwehr kirchenzerstörender Irrlehre erforderlich wurde. Sie bejaht sie als ein Zeugnis des Glaubens für die immer wieder versuchte und angefochtene Kirche, das in der Bindung an die Heilige Schrift und an die Bekenntnisse der Alten Kirche und der Reformation für das heutige Leben richtungsweisend bleibt." (Gemeinsame Erklärung zu den theologischen Grundlagen der Kirche und ihrem Auftrag in Zeugnis und Dienst, in: Gemeinsam unterwegs [s. Anm. 80], 41).

[83] Jochen Bohl, Bericht des Landesbischofs vor der 26. Landessynode der Evangelisch-Lutherischen Landeskirche Sachsens, 15.11.2009, 5, online unter: www.evlks.de/landeskirche/landessynode/12766.html (20.10.2014). In seinem Pastor@lbrief 5/2009 betonte Bohl: „Ich sehe die Barmer Theologische Erklärung auch als ein lutherisches Dokument an und kann nicht erkennen, dass sie sich im Widerspruch zum Bekenntnis befinden würde. Sowohl die Unterscheidung von Gesetz und Evangelium als auch die Lehre von den zwei Regimenten sind m. E. mit ihren Formulierungen durchaus zu vereinbaren. Ihre bleibende Bedeutung hat die Erklärung als Formulierung des im Evangelium begründeten Widerstands gegen die totalitären Ideologien und Staatsformen des 20. Jahrhunderts und in der Tatsache, dass sie in einer konkreten Situation als Akt des Bekennens ihre Wirkung in segensreicher Weise entfaltete."

mulierung auf eine unveröffentlichte Stellungnahme, in der die Lesart aus Art. 2 der VELKD-Verfassung bekräftigt worden war.

Im Anschluss an die Synodaltagung regte Landesbischof Bohl den Theologischen Ausschuss der Landessynode an, sich mit der Bedeutung der Barmer Erklärung aus der Sicht lutherischer Theologie zu beschäftigen. Während der folgenden Frühjahrstagung kam es am 26. April 2010 zu einem Austausch zwischen dem Landesbischof und dem Ausschuss. Dieser griff die Anregung auf und setzte eine Arbeitsgruppe ein. Sie erarbeitete daraufhin eine *Auslegung der Barmer Theologischen Erklärung auf der Grundlage und in der Perspektive des lutherischen Bekenntnisses.*[84] Auf der Herbsttagung des Jahres 2011 wurde sie zunächst als Votum des Theologischen Ausschusses in die Synode eingebracht. Die Synode machte sich dieses Votum anschließend zu eigen und verabschiedete es auf der Frühjahrstagung 2012 einstimmig als Kundgebung der 26. Landessynode.[85]

Die Kundgebung betont, in vielfacher Hinsicht begrenzt bleiben zu müssen und nicht alle relevanten theologischen Gesichtspunkte aufgreifen zu können. Sie geht davon aus, dass die Theologische Erklärung unterschiedliche, durch das jeweilige konfessionelle Selbstverständnis geprägte Auslegungen erfahren hat. Besonders die von Karl Barth selbst initiierte Auslegung sei einflussreich geworden und habe zugleich kritische lutherische Rückfragen ausgelöst. In Barmen I erblickten Kritiker den für Barths Theologie prägenden Offenbarungsmonismus. In Bezug auf Barmen II wurde eingewandt, die These stehe unter dem Einfluss der Königsherrschaft-Christi-Lehre. An Barmen III wiederum wurde kritisiert, dass hier die Ordnung zu einem theologischen Merkmal von Kirche erhoben werde. Auch andere Thesen wurden kritisch diskutiert.[86]

---

[84] Die Barmer Theologische Erklärung (BTE) in der Auslegung durch das lutherische Bekenntnis. Kundgebung der 26. Landessynode der Evangelisch-Lutherischen Landeskirche Sachsens, in: Amtsblatt der Ev.-Luth. Landeskirche Sachsens, 2012, Nr. 9/10, B 42.

[85] Vgl. a.a.O., B 41–46.

[86] Unter vielen kritischen Einwendungen greife ich diejenige des Münchner Oberkirchenrates Christian Stoll aus dem Jahr 1946 heraus; vgl. CHRISTIAN STOLL, Die theologische Erklärung von Barmen im Urteil des lutherischen Bekenntnisses, München 1946. Stoll macht gegenüber Barmen I geltend, „dass sie nicht offen und klar vom Worte Gottes im Gesetz redet" (8) und die Zornesoffenbarung übergeht. In Barmen II bleibe „die Beziehung zwischen dem Herrschaftsbereich Jesu Christi und den Bereichen, in denen wir nach Gottes Willen anderen Herren untertan sein

Die von Karl Barth ausgehende Interpretation ist allerdings weder alternativlos noch zwingend. Vielmehr lässt sich der Text der Erklärung auch in einer genuin lutherischen Weise verstehen und aneignen. Genau diesen Weg geht die sächsische Kundgebung. Sie nimmt für jede der sechs Barmer Thesen eine Interpretation aus lutherischer Perspektive vor und formuliert daraus hervorgehende Anregungen für die Bewältigung aktueller Herausforderungen.

Mit Blick auf Barmen I wird hervorgehoben, dass diese These „nur im soteriologischen Sinn bejaht werden“ könne und in diesem Fall der lutherischen Lehre von Gesetz und Evangelium nicht widerspreche. Barmen I stelle insofern das Offenbarungsverständnis keineswegs erschöpfend dar, betone aber im Einklang mit dem lutherischen Bekenntnis die entscheidende Bedeutung der Heilsoffenbarung in Christus. „Die christozentrische Konzentration der ersten These entspricht dem vierfachen ‚solus‘ der reformatorischen Theologie.“[87]

Im Mittelpunkt von Barmen II erkennt die Kundgebung den Zusammenhang der reformatorischen Lehrstücke von der ‚Rechtfertigung‘ einerseits und den ‚guten Werken‘ andererseits. Ebenso wie der Zuspruch Christi dem ganzen Menschen gelte, werde sein Anspruch „als Beanspruchung der gesamten *Person* des Glaubenden verstanden. Die Verwerfung widerspricht [...] allen Ordnungen und Ideologien, die einen totalen Anspruch auf die Person erheben [...] und damit für eine Erlösung außerhalb Christi stehen.“[88] In der Betonung des ‚ganzen Lebens‘ sowie der Formulierung, dass der Glaubende allein Christus „zu eigen“ ist, klinge eine Formulierung aus Luthers Auslegung des zweiten Artikels an.[89] Auch die Betonung der Herrschaft Christi entspreche dem lutherischen Bekenntnis (CA III), müsse aber im Lichte der beiden Regierweisen Gottes verstanden werden.

Während in Barmen I die Heilsoffenbarung und in Barmen II das Heilswerk Christi im Mittelpunkt stünden, betone Barmen III die Heilsgegenwart Christi in Wort und

müssen“ ungeklärt (11). Zu Barmen III stellt Stoll fest, dass hier „der Schein nicht vermieden wird, als sei die Kirche an eine bestimmte Ordnung kraft göttlichen Gesetzes gebunden“ (12).

87 Vgl. Die BTE in der Auslegung durch das lutherische Bekenntnis (s. Anm. 84), B 43.

88 Ebd.

89 Vgl. BSLK, 511, 33: „auf dass ich sein eigen sei“.

Sakrament. Die These nehme dabei die reformatorische Kennzeichnung von Kirche auf (CA VII). In ihrem weiteren Verlauf werde keineswegs die Ordnung zu einem theologischen Kennzeichen von Kirche. Das doppelte Begriffspaar „Glaube und Gehorsam" sowie „Botschaft und Ordnung" entspreche vielmehr der Zuordnung von Indikativ und Imperativ. „Die Gestalt der kirchlichen Ordnung hat deshalb keinen Bekenntnisstatus. Sie ist aber auch nicht beliebig. Vielmehr soll die Kirche auch in der Gestaltung ihrer Ordnung dem Anspruch Christi gehorsam sein."[90]
Die Kundgebung der Landessynode erschließt von dieser lutherischen Interpretation her auch Impulse für die Theologie und Kirche der Gegenwart. So wird bspw. an der soteriologischen Interpretation von Barmen I deutlich gemacht: „Im alleinigen Vertrauen auf Christus finden Christinnen und Christen ihre Identität. So können sie anderen religiösen oder weltanschaulichen Auffassungen mit Toleranz und Achtung begegnen und totalitären Ideologien widerstehen. Sie werden zum Gespräch ermutigt und befähigt, ihren Glauben zu bekennen."[91] Mit Blick auf Barmen II macht die Kundgebung auf die zunehmende Partikularisierung des Lebens in der Gegenwart aufmerksam und betont,

> „dass der Glaube an Christus nicht zu einem Teilbereich unseres Lebens degradiert werden darf. [...] Der einzelne Mensch wird gemahnt, sein Leben nicht in einen geistlichen und einen weltlichen Teil zu spalten. Und die Kirche wird daran erinnert, auch ihre Praxis in der Lebensbegleitung der Getauften an dieser Erkenntnis zu prüfen."[92]

Mit Barmen III wiederum sei die Einsicht verbunden, „dass das Wachstum der Gemeinde Christi in der Liebe zu ihrem Wesen gehört. Es lassen sich unterschiedliche Gestalten kirchlicher Ordnung denken. Aber durch eine nicht-evangeliumsgemäße Ordnung in der Kirche kann das Heil verstellt werden."[93]

---

[90] Die BTE in der Auslegung durch das lutherische Bekenntnis (s. Anm. 84), B 44.
[91] A. a. O., B 43.
[92] Ebd.
[93] A. a. O., B 44.

Mit ihrer Kundgebung hat die sächsische Landessynode für ihren Bereich eingelöst, was die Barmer Bekenntnissynode beinahe 80 Jahre zuvor angeregt hatte: die „Erarbeitung verantwortlicher Auslegung“ vom eigenen Bekenntnis aus. Sie hat deutlich gemacht, dass sich die Theologische Erklärung keineswegs nur als Dokument der Theologie Barths verstehen lässt, sondern ebenso als Ausdruck zentraler lutherischer Einsichten. Auf der Grundlage eines solchen lutherischen Verständnisses ergeben sich zugleich Impulse für die gegenwartsbezogene Auslegung des eigenen Bekenntnisses. Landesbischof Bohl ging in seinem Bericht des Jahres 2011 noch einmal auf Barmen und das Votum des Theologischen Ausschusses ein. Er dankte dem Ausschuss und betonte, dass „Barmen in einer lutherischen Interpretation für Leben und Lehre unserer Kirche eine wichtige Orientierungshilfe“ sei.

> „Ihre bleibende Bedeutung hat die Erklärung als Formulierung des im Evangelium begründeten Widerstands gegen die totalitäre Ideologie der Nationalsozialisten [...]. Barmen 1934 war das richtige Wort zur richtigen Zeit, das Licht des Evangeliums leuchtete auf in einer Situation, als alles darauf ankam. Es war ein pfingstlicher Moment, in dem wir, nicht anders als die Schwestern und Brüder zu ihrer Zeit, das Wirken des Heiligen Geistes erkennen.“[94]

Welche Bedeutung kommt der Barmer Theologischen Erklärung für die lutherische Kirche zu? Ist sie ein Zeugnis des Glaubens oder nur eine Erklärung? Sind die in Barmen gewonnenen Erkenntnisse zu bejahen oder sind lediglich die Verwerfungen maßgeblich? Im Laufe der mittlerweile rund 80-jährigen Rezeptionsgeschichte hat es sehr verschiedene lutherische Stellungnahmen gegeben. Die sächsische Kundgebung aus dem Jahr 2012 hat mit ihrer Lehrentscheidung folgende Formulierung gewählt: „Die 26. Landessynode der Ev.-Luth. Landeskirche Sachsens [...] bejaht die Barmer Theologische Erklärung als ein Zeugnis des Glaubens, das in der Auslegung durch

[94] Jochen Bohl, Bericht des Landesbischofs vor der 26. Landessynode der Evangelisch-Lutherischen Landeskirche Sachsens, 12.11.2011, 1.

das lutherische Bekenntnis für die Lehre und das Handeln der Kirche maßgebend ist und bleibt."[95] Damit geht sie deutlich über die zurückhaltende Formulierung aus der VELKD-Verfassung hinaus: Sie benennt die Theologische Erklärung als solche und nicht nur die Barmer Synode allgemein. Sie bejaht sie als Ganze und nicht nur in ihren Verwerfungen. Sie benennt gleichermaßen Lehre und Handeln der Kirche und nicht nur ihr Handeln allein. Diese Bedeutung der Barmer Erklärung ergibt sich allerdings nur unter der Bedingung ihrer Auslegung durch das lutherische Bekenntnis. Auf der Grundlage und in der Perspektive einer solchen lutherischen Auslegung ist die Theologische Erklärung für die Lehre und das Handeln der Kirche maßgebend, d. h. sie gibt ihrerseits Anregungen und Impulse für das jeweils aktuelle Bekennen des Glaubens.

Die zurückhaltende Formulierung aus der VELKD-Verfassung ist weiterhin auch in § 3 Abs. 1 der Verfassung der Evangelisch-Lutherischen Landeskirche Sachsens enthalten. Der Theologische Ausschuss diskutierte im Laufe seiner Beratungen auch die Frage, ob er der Synode die Änderung der Kirchenverfassung vorschlagen solle, und schätzte diesen Schritt als verfrüht ein. In der Einbringung der Kundgebung betonte er deshalb: „Eine solche Verfassungsänderung kann u. E. nur als letzter Schritt eines in der Landeskirche breit geführten Gespräches in Betracht kommen, für den zuvor genügend Zeit zur Verfügung gestanden haben muss."[96]

Hugo Hahn hatte auf der Barmer Synode von 1934 betont: „Wir wollen [...] dieses bekennende theologische Wort [...] annehmen und vertreten."[97] Die 26. sächsische Landessynode bejahte in ihrer Kundgebung aus dem Jahr 2012 die Barmer Theologische Erklärung in der Auslegung durch das lutherische Bekenntnis. Dazwischen liegen mehrere Stationen einer eigenständigen Rezeptionsgeschichte. Die theologischen Einsichten auf diesem Rezeptionsweg sind zugleich ein Beitrag zur aktuellen und unabgeschlossenen Diskussion über die Bedeutung der Barmer Theologischen Erklärung innerhalb der VELKD und der EKD.

---

95 Die BTE in der Auslegung durch das lutherische Bekenntnis (s. Anm. 84), B 42.

96 Einbringung der Kundgebung vom 20.04.2012.

97 Immer (Hg.), Bekenntnissynode der Deutschen Evangelischen Kirche (s. Anm. 2), 25 f.

Gudrun Lindner

Die Rolle der Kirchenleitung der Evangelisch-Lutherischen Landeskirche Sachsens im Spannungsfeld zwischen Kooperation und Eigenständigkeit der Verfassungsorgane

Kirchenleitung in der Gegenwart erscheint als ein kirchenpolitisches Instrument, das wenig geliebt als „die da oben" bezeichnet wird – weit entfernt von der mehr oder weniger frommen Gemeindewirklichkeit. Die Kirchenleitung der Evangelisch-Lutherischen Landeskirche Sachsens ist aber ein eigenes Verfassungsorgan und mit weitreichenden Aufgaben ausgestattet. Doch was heißt „Kirche leiten"?

Die Kirche als Gemeinschaft der Heiligen

Die „Gemeinschaft" der Heiligen im dritten Artikel des Glaubensbekenntnisses umfasst die gesamte heilige christliche Kirche weltweit im Sinne einer Ecclesia universalis, einer Weltchristenheit, einer Gemeinschaft aller Getauften und Glaubenden. Der Herr dieser Kirche ist allein der dreieinige Gott Vater, Sohn und Heiliger Geist. Paul Gerhardt sagte es so: „Gott sitzt im Regimente und führet alles wohl." Und Karl Barth ermutigte in schwieriger Zeit: „Es wird regiert." Damit ist klar gesagt, wer die Kirche im Eigentlichen leitet: Es ist Gott, der Herr. Sich dessen bewusst zu sein, ist Entlastung und Ermahnung zugleich für alle in der Kirche Leitenden, unabhängig von Konfessionen, territorialen Zuschnitten und Ordnungen.

Die körperlich nicht sichtbare Gemeinschaft der über alle Welt verstreuten Gläubigen ist wohl die wahre Kirche Christi. Kirchen, Gemeinschaften, ihre Körperschaften oder Organe sind die irdische, die sichtbare Seite jener allumfassenden apostolischen Kirche.

Kirchenleitungssitzung im Landeskirchenamt

Sie sind notwendig, um sich zurechtzufinden, Beheimatung zu erfahren, das Evangelium zu hören und weiterzusagen. Die drei Grundvollzüge christlichen Glaubens, Liturgia, Martyria und Diakonia, bedürfen geordneter Rahmenbedingungen, um wirksam zu werden, um gelebt werden zu können. Geordnete Rahmenbedingungen wiederum werden durch Menschen mit Leitungskompetenz entworfen. Dabei sind gemeinschaftlicher Leitungsstil und Gewaltenteilung Vorzüge, die bereits in früherer Zeit erkannt worden sind. Im Alten Testament finden wir Jitros Rat an Mose, ein gestuftes Rechtswesen zu seiner Entlastung einzurichten.[1] Auch in der wachsenden ersten Christengemeinde wurde bald eine Aufgabenteilung und Verantwortungsübertragung praktiziert.[2] Kirche ohne Ordnung ist nicht denkbar, weil sie wie jede menschliche Gemeinschaft auf Ordnungen und Gesetze angewiesen ist, um nicht in Chaos oder Anarchie zu versinken. Im Laufe der Geschichte der Christenheit entstanden verschiedene Leitungsmodelle, von streng hierarchischer Art bis zum synodalen Prinzip. Die Geschichte der Kirche ist jedoch nicht Thema dieses Beitrages, sondern wir wollen schauen, wie die Leitung der Evangelisch-Lutherischen Landeskirche Sachsens verfasst ist.

---

1 Ex 18.
2 Apg 6.

Kirche leiten in der Evangelisch-Lutherischen Landeskirche Sachsens

Die Verfassung der Landeskirche kennt Kirchenleitung auf verschiedenen Ebenen. Nach der Feststellung des Fundamentes in der Präambel mit der Vergewisserung, Teil der weltweiten apostolischen Kirche zu sein, und einer nachfolgenden Skizzierung der Partikular-Kirche mit ihren Grenzen und Bezügen, zeigt sich der Aufbau der Kirche von der Kirchgemeinde über die Kirchenbezirke bis zur landeskirchlichen Ebene hinauf. Und auf jeder dieser Ebenen ist ein Kirche-Leiten vorgesehen. In den Kirchengemeinden leiten die Kirchenvorstände die Gemeinde und tragen für sie Verantwortung. „Der besondere Dienst des Pfarrers ist es, die Kirchengemeinde mit Wort und Sakrament zu leiten." Und: „Alle Amtsträger und Mitarbeiter bilden eine Dienstgemeinschaft."[3] Bereits hier werden die drei agierenden Gruppen bzw. Einzelpersonen sichtbar: die Mitarbeiterschaft als Dienstgemeinschaft, der Kirchenvorstand als Leitungsteam und dazu das geistliche Amt. Dieser dreigeteilten Aufgabenübertragung begegnen wir im Kirchenbezirk wie auch im landeskirchlichen Bereich wieder, und immer ist das Leiten von Kirche auf Konsens ausgelegt.

„Die Kirchenbezirkssynode wirkt an der Leitung des Kirchenbezirks mit."[4] In § 15 der Kirchenverfassung werden die Superintendenten als die „führenden Geistlichen" benannt. Auf der Kirchenbezirksebene kommt erstmals ein kirchenleitendes Organ hinzu, welches nicht einfach über den aus den Kirchgemeinden bekannten Gruppierungen steht, sondern aus diesen heraus gebildet wird: der Kirchenbezirksvorstand: Die im Kirchenbezirk angestellte Mitarbeiterschaft ist vertreten durch den Leiter oder die Leiterin des Regionalkirchenamtes, die Kirchenbezirkssynode durch ihren Vorsitzenden oder ihre Vorsitzende sowie aus ihrer Mitte gewählte Mitglieder und das geistliche Amt durch den Superintendenten oder die Superintendentin. „Der Kirchenbezirksvorstand nimmt die Leitung und die Vertretung des Kirchenbezirkes im Rechtsverkehr wahr"[5] und handelt für die Kirchenbezirkssynode zwischen deren

---

[3] Verfassung Ev.-Luth. Landeskirche Sachsens § 11.
[4] Verfassung Ev.-Luth. Landeskirche Sachsens § 14.
[5] Verfassung Ev.-Luth. Landeskirche Sachsens § 14 Abs. 4.

Sitzungen. Aber er ist weder ihr noch dem geistlichen Amt über- oder untergeordnet. Ein konstruktives Neben- und Miteinander soll also auch den Dienst auf der sogenannten mittleren Ebene auszeichnen.

Die Landessynode ihrerseits erhält ihre Leitungskompetenz als Vertretung aller Kirchgemeinden der Landeskirche.[6] Das macht sehr deutlich, dass es in der Landeskirche kein „oben" und „unten" geben kann. Ist die Landessynode die Vertretung der Kirchgemeinden, dann ist sie *deren* Sache und kein wie auch immer übergeordnetes Gremium. Die Leitungsverantwortung der Synode wird darin erkennbar, dass sie für alle Angelegenheiten der Landeskirche Verantwortung trägt. Dass eine Synode jedoch nicht wie ein Parlament wirkt, obwohl sie der Einfachheit halber im erklärenden Sprachgebrauch oft so bezeichnet wird, zeigt ihre Beteiligung am Auftrag des Artikels VII des Augsburgischen Bekenntnisses: „Gemeinsam mit den anderen kirchenleitenden Organen sorgt sie dafür, dass das Evangelium rein verkündigt wird und die Sakramente einsetzungsgemäß gefeiert werden."[7]

Diesem Auftrag ist seinem Amt nach insbesondere der Landesbischof als führender Geistlicher der Landeskirche verpflichtet. „Sein Dienst ist, mit Gottes Wort die Landeskirche zu leiten."[8] Hier verbindet die Verfassung in einzigartiger Weise auch *Führen und Leiten* als sich ergänzende Wirkweisen. Das Gewicht der geistlichen Leitung wird außerdem durch das Vetorecht gegen Beschlüsse der Landessynode deutlich, wenn aus geistlichen Gründen widersprochen werden muss.[9] Dies wird kein Landesbischof leichtfertig handhaben, aber es bietet die Chance, Mehrheitsentscheidungen Einhalt zu gebieten, falls sie dem Bekenntnis oder dem biblischen Wort zuwider sein sollten.

Dem Landeskirchenamt sind vordergründig keine Leitungs-, sondern Verwaltungs- und Aufsichtsfunktionen zugeordnet. Es hat umfassende Aufgaben zur Vorbereitung der Gesetze und des Haushaltes, zur Verwaltung und zur Schaffung von

---

[6] Verfassung Ev.-Luth. Landeskirche Sachsens § 18 Abs. 1.
[7] Verfassung Ev.-Luth. Landeskirche Sachsens § 18 Abs. 2.
[8] Verfassung Ev.-Luth. Landeskirche Sachsens § 27 Abs. 1.
[9] Verfassung Ev.-Luth. Landeskirche Sachsens § 28 Abs. 4.

Bischofskanzlei, Rampische Straße 29 in Dresden

Dreikönigskirche, Tagungsort der Landessynode

Rahmenbedingungen, die die Voraussetzung für eine lebendige Landeskirche sind.[10] Ohne Zweifel hat das Landeskirchenamt allerdings doch Anteil an der Leitung der Kirche, allein schon, indem Mitglieder des Kollegiums des Landeskirchenamtes unter der Leitung des Präsidenten oder der Präsidentin[11] eingebunden sind in die Kirchenleitung. Auch hier wird deutlich, dass Verwaltung und Aufsicht in der Kirche immer dem Auftrag der Verkündigung des Evangeliums zu dienen haben. Das Durchgreifen von Landes- und Regionalkirchenamt auf die Kirchengemeinden, die Erarbeitung von Ordnungen und Richtlinien, Prüfaufträge und Verwaltungshandeln können und dürfen kein anderes als das der Kirche zugrundeliegende Ziel haben.

Kirchenleitung als Verfassungsorgan

Bis 1950 waren in der sächsischen Kirchenverfassung der Ständige Synodalausschuss und der Landeskirchenausschuss verankert. Es waren wohl nicht zuletzt die Erfahrungen aus dem Kirchenkampf, die dazu führten, dass bei der damaligen Verfassungsrevision diese beiden Organe zur Kirchenleitung zusammengeführt wurden. „Die Kirchenleitung ist nach dem so genannten Senatsprinzip aufgebaut, gemäß dem die drei leitenden Verfassungsorgane (Synode, Bischof, LKA) zusammengeführt und jeweils durch einzelne Mitglieder repräsentiert werden."[12] Ohne das Nebeneinander der einzelnen Kirche Leitenden mit ihren speziellen Gaben und Aufgaben in Synode, Leitendem Geistlichen Amt und Landeskirchenamt anzugreifen, sollen sie darüber hinaus in einem *gemeinsamen* Gremium zusammenwirken. Die Kirchenleitung ist deshalb kein übergeordnetes, sondern ein ganz besonders auf Miteinander und Konsens angelegtes Organ.
„Die Kirchenleitung hat die Aufgabe, die Landeskirche in gemeinsamer Verantwortung von Landesbischof, Landessynode und Landeskirchenamt auf der Grundlage der Kirchenverfassung, der Kirchengesetze sowie der Beschlüsse der Landessynode

---

[10] Verfassung Ev.-Luth. Landeskirche Sachsens § 32 ff.
[11] Verfassung Ev.-Luth. Landeskirche Sachsens § 31 Abs. 2.
[12] Ulf Liedke, Einbringung zum Kirchengesetz zur Änderung der Verfassung 2006.

zu leiten." Und auch hier wird wieder deutlich das nicht aufgebbare Ziel genannt: „Sie sorgt dafür, dass der Auftrag der Kirche in allen Bereichen der Landeskirche evangeliumsgemäß ausgeübt und erfüllt wird."[13]

Durch die Art der Zusammensetzung der Kirchenleitung sitzt gleichsam die gesamte Landeskirche mit am Verhandlungs- und Beratungstisch, dabei wirken Personen mit theologischer Kompetenz zusammen mit Personen juristischer und ganz anderer Kompetenz. Dass der Landesbischof den Vorsitz hat, signalisiert, dass die geistliche Leitung gewollt ist. Der seit der Verfassungsänderung 2006 verankerte stellvertretende Vorsitz durch den Präsidenten oder die Präsidentin der Landessynode zeigt daneben das Gewicht der Synode als Vertretung aller Kirchgemeinden. Das hohe Gut gemeinsamer Leitungsverantwortung wird auch hier im Vetorecht der Kirchenleitung gegenüber der Landessynode deutlich. Erkennt die Kirchenleitung in Entscheidungen der Synode schwerwiegende Gefahren für die Landeskirche, sei es geistlicher, juristischer, ethischer, finanzieller oder sonstiger Art, kann sie durch ihren Widerspruch erzwingen, dass sich die Synode noch einmal mit der Sache befassen muss.

Kooperation und Eigenständigkeit der Verfassungsorgane als Spannungsfeld

„Gern wird die Frage gestellt, welches Organ der Landeskirche denn nun das Oberste sei. Die Antwort heißt kurz und klar: keines. Die sächsische Kirchenverfassung hat – wie andere lutherische Kirchenverfassungen – einen stufenförmigen Aufbau bewusst vermieden. Das Gefüge ist auf Konsensbildung angelegt."[14] Dieses auf Konsens angelegte Gefüge sollte auch bei der letzten umfassenden Verfassungsänderung im November 2006 nicht grundsätzlich aufgehoben werden. Es wurden aber wohl nicht unwesentliche Gewichtsverlagerungen vorgenommen. Der Dienst der Pfarrerschaft in den Kirchgemeinden fand von nun an überhaupt erstmals Erwähnung. Der Kirchenbezirk

---

[13] Verfassung Evangelisch-Lutherische Landeskirche Sachsens, § 36 Abs. 1 und 2.

[14] Axel von Campenhausen, Vortrag anlässlich des Verfassungsjubiläums vor der sächsischen Landessynode, 16.11.2000.

und hier insbesondere die Synode waren bis dahin recht schwach mit Kompetenzen ausgestattet gewesen. Auch das Bischofsamt und die Landessynode wurden gestärkt. Grundlegend aber bleibt, dass Personen und Organe, die in der Kirchenleitung zusammengefasst sind, aneinander gewiesen sind. Die Mitglieder der Kirchenleitung sollten die hohe Kunst der wechselseitigen Abstimmung und Kooperation beherrschen, mit dem Ziel, nach innen aus differenziertem Blickwinkel heraus gemeinsam das Beste für die Kirche zu suchen und nach außen ein einheitliches Auftreten zu bieten. Wenigstens sollten sie beides von ganzem Herzen anstreben. Dies wird aber nur gelingen, wenn die Agierenden das jeweilige landeskirchliche Verfassungsorgan, dem sie entstammen, weder über- noch ein anderes unterbewerten.
So ist es aus gutem Grund gedacht. Die Wirklichkeit freilich ist schwieriger, zumindest differenzierter. Betrachten wir die einzelnen Organe, aus denen die Kirchenleitung zusammengefügt ist, so sind doch große Unterschiede erkennbar, die sich hilfreich, aber auch konfliktträchtig auswirken können.
Die Landessynode tagt in der Regel zweimal jährlich. Ihre Tagungen werden außer durch ihre Ausschüsse und das Präsidium durch die Kirchenleitung vorbereitet, die wiederum durch die landeskirchliche Verwaltung Zuarbeit erhält. Das Landeskirchenamt hat durch seine ununterbrochene Dienstpräsenz ohne Zweifel einen strukturellen Vorteil. Es könnte also lenken, befördern oder auch zurückhalten, und im Sinne des gemeinsamen Auftrages für die Kirche soll es das auch. Hernach hat es die Beschlüsse der Synode umzusetzen. Das wird vom Einzelnen freudig oder missmutig getan werden, je nach eigener Ansicht der Sache. In der Kirchenleitung hat zwar die Synode ein zahlenmäßiges kleines Übergewicht, kann sich jedoch auf keinerlei kollegiale Struktur stützen, ganz im Gegensatz zum Landeskirchenamt. Darüber hinaus wirkt der Landesbischof – obwohl selbst ein eigenes Verfassungsorgan – an der kollegialen Beschlussfassung des Landeskirchenamtes mit. Teil der Synode mit Sitz und Stimme ist er aber nicht.

Unabhängig von ihrer Herkunft sind alle Mitglieder der Kirchenleitung bei ihren Abstimmungen frei und nicht an Weisungen gebunden.[15] Trotzdem wird in der Regel ein kollegial gefasster Beschluss, bei dem auch der Landesbischof anwesend ist, schwerer wiegen als eine kurze Absprache der synodalen Mitglieder der Kirchenleitung vor der Sitzung. Mehrfach ist versucht worden, die Weisungsfreiheit zu stärken und faktisches Fraktionsdenken und -handeln auszuschalten, um zu differenzierteren Beratungen und Abstimmungen zu gelangen. Allein, es wird immer darauf ankommen, ob die Anwesenden in der Sache offen sind für Argumente der jeweils anderen in der Runde, ob bisherige Beratungen und Verfahren transparent gemacht werden, ob das Wohl der ganzen Kirche im Blick bleibt, und nicht zuletzt, ob sich jeder und jede der die Kirche Leitenden auch in hitzigen Debatten stets dessen bewusst ist, vor Gott rechenschaftspflichtig zu sein. Das kann und wird nicht immer gelingen, weil wir Menschen sind, wie wir sind. Gerade engagierte, für ihre Kirche „brennende" Personen haben auch die Aufgabe, in ihrem jeweiligen Amt, in ihrem jeweiligen Gremium die für richtig erkannten Standpunkte zu vertreten, den Verantwortungsbereich zu nutzen und notfalls auch abzugrenzen. Das muss – wie in der Kirchenverfassung vorgesehen – aber immer wieder im Abgleich mit den jeweils anderen auf gleicher Ebene in der Verantwortung Stehenden geschehen. Wie schwerwiegend sich menschliche Eigenheiten, besondere Gaben oder Mängel bei leitenden Personen auf Gremien und ihre Beschlüsse auswirken können, sei nur am Rande erwähnt.

Frauen und Männer, die sich in kirchenleitende Ämter wählen oder berufen lassen, müssen immer bereit und fähig sein, gemeinsam mit anderen wie sie selbst „menschlichen Menschen" Kirche zu leiten. Das Miteinander in Rede und Gegenrede, im Suchen nach Konsens und dienlichen Lösungen ist dabei ein zutiefst geistlicher Dienst aneinander, und dies gilt auf allen Ebenen der Kirche.

Die Barmer Erklärung wird in dieser Festschrift an anderer Stelle umfassend betrachtet. Deshalb soll hier nur kurz die vierte These zitiert werden: „Die verschiedenen Ämter in der Kirche begründen keine Herrschaft der einen über die anderen, sondern die

---

15 Verfassung Evangelisch-Lutherische Landeskirche Sachsens § 37 Abs. 6.

Dienstgebäude Landeskirchenamt

Ausübung des der ganzen Gemeinde anvertrauten und befohlenen Dienstes.“ Dies gilt für alle Mitarbeit im Ehren-, Neben- oder Hauptamt und auf allen Ebenen.

Genügend Wegweisungen stehen den die Kirche Leitenden und in der Kirchenleitung Verantwortung Tragenden zur Verfügung: das Bekenntnis, die Barmer Erklärung, die Kirchenverfassung und vor allem die Heilige Schrift. Deshalb möchte ich hier einmal nicht mit einem der wunderbaren für die Dienstgemeinschaft passenden Bibelzitate wie etwa im Römerbrief des Paulus[16] schließen, sondern mit Erich Kästner: „Es gibt nichts Gutes, außer man tut es.“ Und das mit Gottes Hilfe!

---

[16] Röm 12, 3–8.

Joachim Reinelt

Ökumenische Beziehungen zwischen Bistum und Landeskirche

In einer Zeit, da in Deutschland die Evangelisch-Lutherischen Landeskirchen längst frei von der Bevormundung durch Landesherren und die katholischen Bischöfe in ihrem Dienst nicht mehr beeinträchtigt durch politische Machtspiele (Fürstbischöfe) waren, entwickelte sich Schritt für Schritt eine ökumenische Beziehung zwischen beiden Kirchen in unserem Land, die sich von vergangener Polemik deutlich distanzierte. Impulse der überzeugenden Brüderlichkeit der Leipziger Ökumenekreise der ersten Hälfte des 20. Jahrhunderts fanden ein gutes Echo weit über Sachsen hinaus. Auch der äußere, massive Druck der Diktaturen des 20. Jahrhunderts ließ uns Christen enger zusammenstehen.

Gleichzeitig erwachte in aller Welt die Sehnsucht Jesu: „Alle sollen eins sein: Wie du, Vater, in mir bist und ich in dir bin, sollen auch sie in uns sein, damit die Welt glaubt, dass du mich gesandt hast“ (Joh 17,21). So mahnt das 2. Vaticanum „die Gläubigen, mit Eifer an dem ökumenischen Werk teilzunehmen“. Dazu gehört: zunächst alles Bemühen zur Ausmerzung aller Worte, Urteile und Taten, die der Lage der getrennten Brüder nach Gerechtigkeit und Wahrheit nicht entsprechen und dadurch die gegenseitigen Beziehungen mit ihnen erschweren; weiter der Dialog, der bei Zusammenkünften von Christen aus verschiedenen Kirchen oder Gemeinschaften, die vom Geist der Frömmigkeit bestimmt sind, von wohlunterrichteten Sachverständigen geführt wird, wobei ein jeder die Lehre seiner Gemeinschaft tiefer und genauer erklärt, so dass das Charakteristische daran deutlich hervortritt. Durch diesen Dialog erwerben

Joachim Reinelt (ganz links) zum Kirchentag in Dresden 2011

alle eine bessere Kenntnis der Lehre und des Lebens jeder von beiden Gemeinschaften und eine gerechtere Würdigung derselben. Von hier aus gelangen diese Gemeinschaften auch zu einer stärkeren Zusammenarbeit in den Aufgaben des Gemeinwohls und sie kommen zum gemeinsamen Gebet zusammen. Schließlich prüfen hierbei alle ihre Treue gegenüber dem Willen Christi hinsichtlich der Kirche und gehen tatkräftig ans Werk der notwendigen Erneuerung und Reform.[1]

Alles, was der Heilige Geist in der anderen Kirche gewirkt hat und wirkt, haben wir gemeinsam. Das Meiste haben wir gemeinsam! Dieses gemeinsame Erbe wollen wir mit Freude anerkennen und hochschätzen – so die Konzilsväter.

Diese Kultur der Anerkennung und Hochschätzung durfte ich durch viele Jahre mit Landesbischof Jochen Bohl und seinen Vorgängern in Sachsen erfahren. Unzählige gemeinsame Gottesdienste überall in sächsischen Gemeinden, Vorträge, Podien und Appelle führten uns zusammen. Unvergesslich bleibt mir Bruder Bohls Umarmung beim ökumenischen Gottesdienst am Tag der Einweihung der Frauenkirche in Dresden. Tief in seiner Erinnerung ist, nach seinen Angaben, der übervolle Dom zu Meißen bei einer ökumenischen Vesper zum Benno-Jubiläum. Von symbolischer Bedeutung war die Übersteigung des trennenden Gitters im Bautzener Simultandom. Besonders

1 Dekret über den Ökumenismus Nr. 4.

die katholischen Sorben werden die eindrucksvolle Ansprache Landesbischof Bohls an der Tür der Frauenkirche bei der Prozession mit der Urne von unserem Märtyrer des KZ Dachau, Alojs Andritzki, in Erinnerung behalten. Dass ich beim Evangelischen Kirchentag im Dresdener Fußballstadion die Festpredigt halten durfte, verdanke ich wohl auch der ökumenischen Offenheit des Landesbischofs Jochen Bohl. So war Ökumene in seiner Dienstzeit konkret erfahrbar. Dafür schenke ihm der Dreifaltige Gott reichen Segen. Wir im Bistum Dresden-Meißen danken ihm von Herzen.
Welche Chancen erwachsen aus einer solchen ökumenischen Grundhaltung für die Zukunft? An die erste Stelle müssen wir den geistlichen Ökumenismus stellen.

> „Es gibt keinen echten Ökumenismus ohne innere Bekehrung. Denn aus dem Neuwerden des Geistes, aus der Selbstverleugnung und aus dem freien Strömen der Liebe erwächst und reift das Verlangen nach der Einheit. Deshalb müssen wir vom göttlichen Geiste die Gnade aufrichtiger Selbstverleugnung, der Demut und des geduldigen Dienstes sowie der brüderlichen Herzensgüte zueinander erflehen [...]. Auch von den Sünden gegen die Einheit gilt das Zeugnis des heiligen Johannes: ‚Wenn wir sagen, wir hätten nicht gesündigt, so machen wir ihn zum Lügner, und sein Wort ist nicht in uns' (1 Joh 1,10). In Demut bitten wir also Gott und die getrennten Brüder um Verzeihung, wie auch wir unseren Schuldigern vergeben."[2]

Gemeinsam erflehen wir in ökumenischen Gottesdiensten die Gnade der Einheit mit Gott, dem Vater, durch Jesus Christus im Heiligen Geist. Wir erneuern dabei unseren Glauben an das Wort des Herrn: „Wo zwei oder drei in meinem Namen versammelt sind, da bin ich mitten unter ihnen" (Mt 18,20). Ökumene ist nicht in erster Linie Abklärung der theologischen Differenzen, sondern gemeinsames Wachsen einer immer tieferen, personalen Beziehung zu Jesus Christus, der uns zu seiner Stunde in die Hände nimmt und zur vollendeten Einheit führt. So wird unsere fortdauernde Begegnung, wie sie fast in allen Städten Sachsens gepflegt wird, Früchte reifen lassen, mit denen

---

2 Dekret über den Ökumenismus Nr. 7.

Gott die Kirchen und die Welt noch überraschen wird. Dafür gibt es bereits jetzt ausreichend Signale. Angefangen von einer fast selbstverständlichen Geschwisterlichkeit zwischen konfessionsverschiedenen Familien, Schülern, Studenten, Nachbarn oder Kollegen am Arbeitsplatz, bis zu europaweiten Kongressen, wie „Miteinander für Europa" und zahlreichen Treffen geistlicher Gemeinschaften auf Weltebene. Evangelische Kirchentage und Katholikentage werden immer offenherziger ökumenisch geprägt. Regelmäßige Kontakte zwischen Kirchenleitungen sind inzwischen selbstverständlich. Hundert Jahre zuvor war das noch höchstens ein Traum.

Grundlegend für dieses Miteinander ist das gemeinsame sakramentale Band der Taufe. Die verbindliche Zusicherung der Einhaltung der vereinbarten Form und die höchste Bedeutung dieses Sakramentes im Glauben der Kirchen, verknüpft mit der *einen* Rechtfertigungslehre, garantieren einen hoffnungsvollen Weg zur weiteren Annäherung.

In beachtlich vielen Gemeinden werden in Bibelwochen die Glaubenserfahrungen der Teilnehmer miteinander geteilt wie in einer einzigen Gemeinde. Oftmals findet dabei die von evangelischen und katholischen Exegeten erarbeitete Einheitsübersetzung Gebrauch. Als sie 1978 erstellt war, sagte der damalige Ratsvorsitzende der EKD Landesbischof Helmut Claß: „Die Tatsache, dass katholische und evangelische Christen nunmehr ein Neues Testament besitzen, das Exegeten beider Kirchen im offiziellen Auftrag übersetzt haben, kann nicht hoch genug veranschlagt werden. Mehr als einzelne gemeinsame Aktionen führt gemeinsames Hören auf das Wort der Schrift dazu, dass die getrennten Kirchen aufeinander zugehen, um einmal zusammenzufinden unter dem einen Herrn der Kirche, Jesus Christus. Die ökumenische Übersetzung des Neuen Testaments leistet dazu einen wichtigen Beitrag."

Dass beim geistlichen Austausch der Lebenserfahrungen mit dem Wort Gottes der Reichtum des von Gott geschenkten Gnadenschatzes sichtbar wird, ist von hohem Wert für das Zusammenwachsen der Christen. Dabei wird missionarischer Geist wach, den wir in eine Welt der geistigen Armseligkeit tragen können. Wir haben ja ein gemeinsames Ziel: unserem Land das Glück des Glaubens zu bezeugen, das durch Diktaturen und Individualismus den Menschen entzogen wurde. Bruder Jochen Bohls gewinnende Worte in Predigten und Ansprachen zielten immer wieder auch auf die

Jochen Bohl und Joachim Reinelt am 13. Juni 2011 anlässlich der Seligsprechung von Alojs Andritzki vor der Kathedrale Dresden

Herzen der nicht kirchlich Gebundenen. In ihnen treffen wir auf die Verwundeten unserer Tage. Die Wunden unserer Zeit zu tragen, ist immer wesentlich mit dem Glauben verbunden. Zu einem Landesbischof gehört dieses Kreuz. Deshalb trägt er es auf seinem Dienstgewand. Dieses Zeichen des Heils verbindet uns zutiefst. Es schmerzt, dass Gott für viele in die Ferne gerückt ist. Viele haben ihn vergessen. Die Verantwortung vor Gott wird selten wahrgenommen. Wir müssen zurück zum tapferen Zeugnis der ersten Christen. Die Menschen brauchen Zeugen der Liebe Gottes. „Wehe mir, wenn ich das Evangelium nicht verkünde" (1 Kor 9,16). Viele warten auf eine Antwort auf die Fragen der Sinnsuche ihres Lebens. Freilich, die Meisten nähern sich zögerlich. Die Religionssoziologin Judith Könemann formulierte es treffend: „Ich wünschte, ich wäre gläubig, glaub' ich." Oder: „In die Kirche geh ich nicht, aber wenn die Kirche was draußen macht, da fehle ich nicht." Der Weg zum Ziel ist weit, jedoch dürfen wir sicher sein, dass Gott schon unterwegs dabei ist.

Immer wieder konnte man bei den parallelen Predigten in den ökumenischen Gottesdiensten sagen, dass der ökumenische Partner die Predigt des anderen hätte unterschreiben können. Längst ist klar, dass wir nicht nur einen Teilkonsens in einigen Wahrheiten haben, sondern in zentralen Glaubenswahrheiten übereinstimmen. Das lässt auf ein Weiterkommen hoffen.

In den Fragen der Amtsstruktur der Kirche würde die gemeinsame Orientierung auf die Lehre des ersten christlichen Jahrtausends allen weiterhelfen. Kirchenverständnis und Amtsfrage müssen von da geklärt werden. Auch Martin Luther hat „stets die göttliche Stiftung des ordinationsgebundenen Amtes hervorgehoben“[3]. An diesem zentralen Problem sollten wir intensiv weiterarbeiten. Die lutherisch-katholische Kommission für die Einheit, die 2009 auf Weltebene ein Studiendokument über die Apostolizität der Kirche in Übereinstimmung beider Seiten veröffentlicht hat, kann Wege zur Klärung zeigen. Bei aller Betonung des allgemeinen Priestertums aller Gläubigen wird festgestellt, dass die Kirche nie ohne Personen mit besonderer Verantwortung und Vollmacht war. Auch in diesem zentralen Punkt ist das Zeugnis der Schrift für alle verbindlich.
Jede der beiden Konfessionen wird der Ökumene wesentlich dienen, wenn beide ihr ekklesiologisches und theologisches Selbstverständnis weiterhin vertiefen. Danach muss eine Empathie für die Sicht der Schwesterkirche entwickelt werden.
So können wir uns selbst und einander tiefer begreifen. Letztlich geht es um ein tieferes Erfassen der Wahrheit, die uns in Jesus Christus, dem ewigen Wort, vorgegeben und anvertraut ist. Diese göttliche Wahrheit kann wegen unserer menschlichen Sündhaftigkeit nicht einfach identisch sein mit moderner Mehrheitsmeinung. Anpassung an die Auffassung der Vielen kann eine Versuchung der Kirchen sein. Sie kann eher trennen als einen.
Unser gemeinsamer Weg gegen den Strom hat uns in Sachsen und überhaupt im Osten in DDR-Zeiten zusammengeführt, immer wenn wir den Vorgaben der Staatspartei und dem Trend der Gleichgültigkeit entgegengewirkt haben. Auch in Zeiten subjektivistischer Auflösung göttlicher Vorgaben werden wir den Trends widersprechen müssen. An vorderster Stelle muss die Verkündigung des Evangeliums von der grenzenlosen Liebe Gottes zu dieser Welt und der Gnadengaben christlicher Nächstenliebe stehen. So wird Einheit wachsen und reifen.
Der Herr führe uns durch seinen Geist auf diesem Weg.

---

[3] Gunther Wenz, Grundfragen ökumenischer Theologie. Gesammelte Aufsätze, Bd. 1, Göttingen 1999.

Nikolaus Schneider

Theologische Grundlagen ethischer Entscheidungen des Rates der EKD an den Beispielen Ehe und Familie, Präimplantationsdiagnostik (PID) und Sterbehilfe

Auch in einem Land, das deutliche Zeichen der Säkularisierung trägt, wird an die Kirchen die Erwartung gerichtet, sich zu ethischen Fragen zu äußern. Diese Erwartung besteht sowohl innerhalb als auch außerhalb der Kirche. Das bedeutet freilich nicht in jedem Fall, dass das ethische Urteil der Kirche auch ohne Weiteres übernommen wird. Gar nicht selten grenzt man sich sogar ausdrücklich von dem offiziellen kirchlichen Urteil ab. Aber auch das trägt indirekt zur eigenen Klärung bei. Und für ethische Urteile im Raum der evangelischen Kirchen ist das ja durchaus sachgemäß: Denn ein ethisches Urteil „auf Evangelisch" beansprucht eben nicht lehramtliche Autorität, sondern gleicht einer Einladung, die Nachdenken auslösen und bestenfalls aus freien Stücken angeeignet werden will.

Hinter diesen an ethische Aussagen gerichteten Erwartungen verbirgt sich die Intuition, dass Religion und ethische Kompetenz miteinander verwandt sind. Dabei ist vorausgesetzt, dass die ethische, also wertende Perspektive mehr ist als ein bloßes Gefühl oder eine nur arbiträre Äußerung, ja dass etwas mit dem Wissen vom Heiligen, vom Guten und Wertvollen zu tun haben könnte.

Ethische Urteile, die einen ernst zu nehmenden Geltungsanspruch erheben, müssen dreierlei leisten: Sie müssen sich in dem jeweiligen Sachgebiet hinreichend auskennen, sie müssen die ethischen Normen bzw. Güter kennen und sie müssen beides sinnvoll und plausibel aufeinander beziehen können.

Als die EKD im Jahr 2013 eine Orientierungshilfe zur Familienpolitik unter dem Titel „Zwischen Autonomie und Angewiesenheit"[1] veröffentlichte, wurde diesem Text von vielen durchaus eine hohe Sachkenntnis und sensible Wahrnehmung der Situation attestiert, aber nicht wenige empfanden die theologische Begründung der angeführten Normen als unzureichend.

Wie sehen die theologischen Grundlagen aus, die der Rat der EKD bei seinen ethischen Urteilsbildungen voraussetzt und zur Anwendung bringt? Dies soll im Folgenden im Hinblick auf drei unterschiedliche Themen, nämlich Ehe und Familie, PID und Sterbehilfe, gezeigt werden.

1. *Ehe und Familie*

Die Orientierungshilfe „Zwischen Autonomie und Angewiesenheit" trägt den programmatischen Untertitel „Familie als verlässliche Gemeinschaft stärken". Wegen der primär sozialpolitischen Abzweckung, wie sie schon an der Zusammensetzung der entsprechenden Arbeitsgruppe deutlich wird, sind in diesem Text die theologischen Überlegungen vergleichsweise knapp ausgefallen.

Die theologischen Grundlagen sind eher der Stellungnahme der EKD „Gottes Gabe und persönliche Verantwortung. Zur ethischen Orientierung für das Zusammenleben in Ehe und Familie" aus dem Jahr 1997 zu entnehmen.[2] Dieser Text geht von dem Wort Jesu in Mt 19,6 aus, in dem die Verbindung von Mann und Frau als von Gott gewollte ganzheitliche Gemeinschaft ausgelegt wird. Diese Verbindung ist auf Dauer und Verlässlichkeit angelegt und soll nicht geschieden werden.[3] Nach Martin Luther ist die Ehe als ein „weltlich Ding" durch das weltliche Recht zu ordnen. Zugleich steht die Ehe als geistlich-christlicher Stand allen Menschen offen. Gott wirkt in beidem: im Weltlichen wie im Geistlichen. Die Stellungnahme von 1997 geht davon aus, dass die Ehe

---

[1] Zwischen Autonomie und Angewiesenheit. Familie als verlässliche Gemeinschaft stärken. Eine Orientierungshilfe des Rates der Evangelischen Kirche in Deutschland, Gütersloh 2013.

[2] Vgl. zur Ehe: Gottes Gabe und persönliche Verantwortung, Gütersloh 1997, 24–35.66f.

[3] Vgl. a.a.O., 25.

Der Rat der EKD 2010

dem Willen der Ehepartner als vorgegebene *Institution* vorausgehe. Dass die Ehe als Institution zu denken sei, wird mutatis mutandis sowohl bei Dietrich Bonhoeffer, der die Ehe als Gottes Mandat auffasst, wie auch bei Karl Barth vorausgesetzt, der die Ehe als Gleichnis des von Gott mit den Menschen geschlossenen Bundes, der in freier Gemeinsamkeit von den Partnern zu verwirklichen sei, interpretiert. Das Wort Jesu wird als Auslegung des ursprünglichen Schöpferwillens gedeutet: „Es ist nicht gut, dass der Mensch allein sei!" (Gen 2,18). Über eine rechtliche Gleichstellung von Mann und Frau hinaus sei die christliche Ehe durch wechselseitig sich zuvorkommende Liebe und gegenseitigen Dienst gekennzeichnet. Theologisch-ethisch wird die Ehe als Konkretion des Doppelgebots der Liebe verstanden. Kinder erweitern die Gemeinschaft der Eheleute zur Familie. Eine Ehe kann auch scheitern, so dass eine Scheidung unvermeidlich erscheint und zu notwendigen Klärungen und Neuanfängen beitragen kann. Dass Menschen sich nach dem Wort Jesu nicht scheiden lassen sollen, wird nicht dahingehend interpretiert, dass sie das in keinem Fall dürften.
In der Schlussbetrachtung heißt es: „Verantwortlichkeit, Verlässlichkeit, Wechselseitigkeit und Kontinuität in der Gestaltung der Beziehungen zum Partner, zur Partnerin bzw. zu den Kindern sind die ethischen Maßstäbe, die sich aus dem [...] Verständnis von Ehe und Familie ergeben. Die Gestaltung ihres Zusammenlebens ist wiederum

ganz der persönlichen Verantwortung der Einzelnen auferlegt."[4] Im Rückblick fällt auf, wie stark hier einerseits die gelingende Ehe von Mann und Frau als institutioneller „Normalfall" vorausgesetzt wird und andererseits zugleich vor dem Hintergrund der Individualisierung auf die individuelle Verantwortung für Ehe und Familiengründung abgehoben wird.

Im Jahr 2004 hat die Synode der EKD das Thema *Familie* unter dem Generationengesichtspunkt aufgegriffen.[5] 2006 hat dann der damalige Ratsvorsitzende Wolfgang Huber in einer Grundsatzrede „Familie haben alle – Für eine Zukunft mit Kindern"[6] einen *erweiterten Familienbegriff* vertreten.[7] 2009 wurde vom Rat der EKD eine Ad-hoc-Kommission eingesetzt, die beauftragt wurde, eine Stellungnahme der Evangelischen Kirche zu Fragen der aktuellen *Familienpolitik* (!) zu erarbeiten. Zentrales Anliegen der Orientierungshilfe war es, ein *erweitertes Familienbild* zum Ausgangspunkt der eigenen Überlegungen zu machen, das den real gelebten Familienformen der heutigen Gesellschaft entsprechen und aktuelle sozialpolitische Fragestellungen aufnehmen sollte.[8] Im Rückblick wird man wohl sagen müssen, dass es versäumt wurde, diese nicht unumstrittene Erweiterung des Familienbegriffs ausdrücklich auch theologisch einzuholen.

2. *Präimplantationsdiagnostik (PID)*

Die gewachsenen medizinischen Möglichkeiten am Beginn und am Ende des menschlichen Lebens erweitern erheblich den Umfang dessen, was wir tun *können*. Aber

---

4 A. a. O., 66.

5 Vom Miteinander der Generationen. Keiner lebt für sich allein, Texte zum Schwerpunktthema der 3. Tagung der 10. Synode der Evangelischen Kirche in Deutschland (EKD), 7. bis 11. November 2004, Magdeburg.

6 Wolfgang Huber, Familie haben alle – Für eine Zukunft mit Kindern, in: epd Dokumentation Nr. 16, 11. April 2006, 4–13.

7 „Familie ist nicht allein dort, wo Kinder sind; Familie haben alle. Wenn wir neu zur Familie ermutigen, dann meinen wir damit all die Formen, in denen die Generationen miteinander verbunden sind und Menschen füreinander Verantwortung wahrnehmen. Wir bejahen die Pluralität von Lebensformen; aber wir treten dafür ein, dass in diesen Lebensformen ein Lebensstil zur Geltung kommt, der Liebe und Freiheit, Verlässlichkeit und Verantwortung zur Grundlage hat." A. a. O., 4 f.

8 EKD (Hg.), Zwischen Autonomie und Angewiesenheit – Die Orientierungshilfe der EKD in der Kontroverse, Hannover, 2013.

nicht alles, was wir tun können, ist deshalb schon sinnvoll und lebensdienlich. Das Bedürfnis nach Selbstbestimmung ist stärker geworden und wirft neue ethische Fragen am Anfang und am Ende des Lebens auf. Dabei sind die individualethische Frage (was ist für mich richtig?) und die sozialethische Frage (welche rechtliche Regelung ist gut für unser Zusammenleben?) nicht deckungsgleich, beeinflussen einander aber wechselseitig.

Im August 2002 hat der Rat der EKD die medizin- und bioethische Argumentationshilfe „Im Geist der Liebe mit dem Leben umgehen"[9] als eine Hilfe zur Meinungsbildung vorgelegt und in diesem Zusammenhang auch zur PID Stellung genommen.[10] In diesem Text wird die PID abgelehnt, weil die befruchteten Eizellen als menschliches Leben angesehen werden. Deshalb werden die „Zeugung auf Probe", die „Qualitätsprüfung" und die Verwerfung bei bestimmten Krankheitsmerkmalen als problematisch beurteilt. Die EKD ermutigt stattdessen zur Adoption als einer ethisch vorzugswürdigen Alternative gegenüber der Verwerfung eines Embryos aufgrund einer PID, die letztlich gegen das Tötungsverbot verstößt.[11]

2011 gab der Rat der EKD eine kürzere Stellungnahme zur PID ab, die erneut hervorhebt, dass ein „Leben mit Behinderung [...] in die ganze Bandbreite der Ebenbildlichkeit Gottes eingeschlossen" ist und dass „Teilhabe am gesellschaftlichen Leben ausnahmslos allen Menschen zu ermöglichen" ist. Auch hier wird auf die anzunehmenden gesellschaftlichen Folgen von PID abgehoben, die dem achtsamen Umgang

---

9 Im Geist der Liebe mit dem Leben umgehen. Argumentationshilfe für aktuelle medizin- und bioethische Fragen. Ein Beitrag der Kammer für Öffentliche Verantwortung der Evangelischen Kirche in Deutschland (= EKD Texte, 71), Hannover 2002. – Bereits 1997 hatte es ein *Gemeinsames Wort des Rates der EKD und der Deutschen Bischofskonferenz anlässlich der Woche für das Leben 1997* gegeben.

10 Vgl. a. a. O., 26–29.

11 Auf der EKD-Linie von 2002 hat der damalige EKD-Ratsvorsitzende, Präses Manfred Kock, im Januar 2003 seine ablehnende Haltung zur PID bekräftigt (vgl. EKD Pressemitteilung: Ratsvorsitzender der EKD bekräftigt Ablehnung der Präimplantationsdiagnostik [PID] 15/2003).
2001/02 nahm der damalige Berliner Bischof Wolfgang Huber, der zeitgleich auch dem Nationalen Ethikrat angehörte, Stellung: Das Ende der Person? Zur Spannung zwischen Ethik und Gentechnologie, in: Horst Dreier/Wolfgang Huber, Bioethik und Menschenwürde (= Münstersche Theologische Vorträge, 4), Münster 2002, 51–65. 2002 trug er seine Sicht erneut vor: Wolfgang Huber, Der gemachte Mensch. Christlicher Glaube und Biotechnik, Berlin 2002.

mit behinderten Menschen schaden könnten.[12] Insgesamt wird die ethische Bewertung der PID mit einem inklusiven Familienbegriff verknüpft: „Nach Auffassung des Rates haben Gesellschaft und Kirche [...] dafür zu sorgen, dass Kinder mit und ohne Behinderung willkommen sind und Familien mit allen Kindern Begleitung und konkrete Unterstützung finden." Sowohl in individualethischer wie in sozialethischer Hinsicht wird es abgelehnt, ein „planbares, gesundes, erfolgreiches Leben zum Maßstab und Vorbild eines erfüllten Lebens zu machen", da der Wert eines Menschen sich weder an der Gesundheit noch am Erfolg festmachen lasse. Die Nähe Gottes, der sich in Jesus Christus auf das Leiden der Menschen eingelassen habe, wird in Beziehung gesetzt zu dem unvermeidbaren Leiden und Scheitern, das Teil des Lebens sei. Die Stellungnahme fordert das Recht auf Nichtwissen und Nicht-Auswählen-Wollen auf Seiten der Eltern.[13] Die Selektion zwischen lebenswertem und nichtlebenswertem Leben wird abgelehnt, weil sie sich mit dem Gabecharakter des Lebens nicht vereinbaren lasse. Eine Relativierung eines christlichen Menschenbildes sei nicht hinnehmbar. Dass der Rat der EKD zu keiner völlig einheitlichen Meinungsbildung zu Fragen der PID kommen konnte, wird in der Stellungnahme offen ausgesprochen und mit dem Respekt vor der freien gewissensgeleiteten persönlichen ethischen Urteilsbildung und Verantwortung des Einzelnen begründet.[14]

Diese Position wird 2012 in einer weiteren Stellungnahme des Rates zur Präimplantationsdiagnostikverordnung wieder aufgenommen.[15]

---

[12] Stellungnahme des Rates der Evangelischen Kirche in Deutschland zur Präimplantationsdiagnostik (PID) „Deine Augen sahen mich, als ich noch nicht bereitet war ..." (Ps 139,16), 15. Februar 2011.

[13] Diese Stellungnahme hat aus der theologischen Wissenschaft Widerspruch erfahren: Johannes Fischer, Christliches Menschenbild als Götze. Warum ein evangelischer Theologieprofessor ablehnt, was der Rat der EKD zur Präimplantationsdiagnostik sagt, in: ZZ 12, 6/2011, 41–43.

[14] Vgl. zu einer Rekonstruktion der Entwicklung der evangelischen Stellungnahmen zu bioethischen Fragen Peter Dabrock, „... nur in wenigen Fragen Eindeutigkeit oder gar Einstimmigkeit". Zur Genealogie jüngerer bioethischer Stellungnahmen der EKD, in: ZThK 109, 2012, 360–396.

[15] Stellungnahme der Evangelischen Kirche in Deutschland (EKD) zum Entwurf einer Rechtsverordnung der Bundesregierung über die rechtmäßige Durchführung einer Präimplantationsdiagnostik (Präimplantationsdiagnostikverordnung – PIDV), 20. August 2012.

3. *Sterbehilfe*

Die EKD hat in ihrem bereits erwähnten Beitrag aus dem Jahr 2002 „Im Geist der Liebe mit dem Leben umgehen“[16] auch zum Problem der Sterbehilfe Stellung genommen und dabei an die gemeinsame Erklärung von EKD und DBK „Gott ist ein Freund des Lebens. Herausforderungen und Aufgaben beim Schutz des Lebens“ (1989) angeknüpft. Dort wurde das Ende des menschlichen Lebens unter dem Gesichtspunkt der Wahrung der Würde des Sterbenden und der Unverfügbarkeit des Lebens im Leben und Sterben in den Blick genommen. Jedem Menschen kommt ein unbedingtes Lebensrecht und das prinzipielle Recht auf Selbstbestimmung zu.[17] Auch beim Sterben könne alle Hilfe nur Hilfe zum Leben sein. Allerdings schließt der Respekt vor der Selbstbestimmung des anderen ein, dass ein Urteil über dessen eigene Entscheidung, wie er sterben will, ethisch nicht angemessen ist.

Das Leben als Gabe entzieht sich jeder Bewertung – der eigenen wie der anderer gleichermaßen. Denn: „Im Glauben daran, dass Gott das Leben jedes Menschen will, ist jeder mit seinem Leben, wie immer es beschaffen ist, unentbehrlich.“[18] Die prinzipielle Einräumung des Lebensrechts jedes Menschen wird dabei als notwendige Voraussetzung gemeinsamen Lebens gesehen. Individualethische und sozialethische Gesichtspunkte greifen ineinander.

Gegenüber der Frage nach einer aktiven Sterbehilfe gilt der Grundsatz: „Aus christlicher Sicht ist der Tod eines Menschen etwas, das abgewartet werden muss und nicht herbeigeführt werden darf.“[19] Allerdings werden damit medizinische Maßnahmen zur Schmerzlinderung nicht ausgeschlossen, mit denen faktisch eine Lebensverkürzung

---

16 Im Geist der Liebe (s. Anm. 9), 34–36.

17 Gott ist ein Freund des Lebens. Herausforderungen und Aufgaben beim Schutz des Lebens. Gemeinsame Erklärung des Rates der Evangelischen Kirche in Deutschland und der Deutschen Bischofskonferenz, Gütersloh 1989, 105–110.

18 A.a.O., 107.

19 Im Geist der Liebe (s. Anm. 9), 35.

zwar nicht direkt beabsichtigt, aber als Nebenfolge in Kauf genommen wird.[20] Dieser Sachverhalt wird häufig als indirekte Sterbehilfe bezeichnet.

Im Jahr 2008 hat die EKD zu dieser Thematik eine eigene Orientierungshilfe vorgelegt: „Wenn Menschen sterben wollen. Eine Orientierungshilfe zum Problem der ärztlichen Beihilfe zur Selbsttötung."[21] Die Stellungnahme[22] versucht die Aufgabe des Schutzes des Lebens als einer Gabe Gottes und der Fürsorge für das Leben mit dem Recht auf Selbstbestimmung des Einzelnen in Einklang zu bringen. Die Frage, ob es aus evangelischer Sicht ein *Recht* auf einen assistierten Suizid geben könne, wird verneint. Sie wäre mit der Fürsorge für das von Gott gegebene Leben nicht vereinbar. Das Spannungsverhältnis von gebotener Fürsorge und dem Recht auf Selbstbestimmung kann nicht einseitig aufgelöst werden. Menschen sollen nach Möglichkeit in der Gemeinschaft der Lebenden gehalten werden. Suizidprophylaxe ist deshalb wichtig. Ein Recht auf einen assistierten Suizid würde auch das bisherige in der Medizin vertretene Ethos in Frage stellen.

Die Stellungnahme unterstreicht den Gedanken, dass die Seelsorge den Deutungshorizont stärken soll, in den auch die schweren Erfahrungen als Teil des Lebens integriert werden können. Dabei unterscheidet sie eine *individualethische* von einer *sozialethischen* bzw. *institutionenethischen* Bewertungsperspektive. Was im Einzelfall als verantwortliches Verhalten verstanden werden kann, braucht nicht als eine allgemeine Regel gültig zu sein.

Die Aussage, dass das Leben eine Gabe ist, sollte nicht einseitig im Sinne des Verbots verstanden werden, selbstmächtig über das eigene Leben und dessen Ende zu verfügen. Stattdessen soll das Verständnis der Gabe des Lebens als Ermutigung verstanden werden, die Gabe mit all den mit ihr verbundenen Erfahrungen anzunehmen.

---

[20] Die EKD und die DBK haben eine gemeinsame Handreichung „Christliche Patientenvorsorge" vorgelegt und damit eine Hilfestellung angeboten, die Fragen am Lebensende rechtzeitig zu reflektieren und auch rechtlich zu regeln, soweit dies möglich ist (s. http://www.ekd.de/patientenvorsorge/).

[21] Kirchenamt der EKD (Hg.), Wenn Menschen sterben wollen. Eine Orientierungshilfe zum Problem der ärztlichen Beihilfe zur Selbsttötung. Ein Beitrag des Rates der Evangelischen Kirche in Deutschland (= EKD Texte, 97), Hannover 2008.

[22] Vgl. zum Folgenden a. a. O., 24–33.

Selbstbestimmte Lebensführung meint dann: sich führen lassen durch den, dem das Leben sich verdankt. Das kann auch Krankheit und Leid einschließen. Dem Christen kommt die Aufgabe zu, für solche Situationen rechtzeitig Verantwortung zu übernehmen. So kann der Einzelne verfügen, dass auf lebensverlängernde Maßnahmen verzichtet werden soll.

Der Gedanke an einen Suizid angesichts einer leidvollen, tödlichen Krankheit steht in Spannung zu dem Verständnis des Lebens als Gabe. Die Einrichtung von Hospizen und die Förderung der modernen Palliativmedizin sind eine gute Möglichkeit, Menschen auf ihrem letzten Weg zu unterstützen.

Die Freiheit des eigenen *Gewissens* ist immer zu achten. Denn es ist davon auszugehen, dass ein Außenstehender verzweifelte Situationen und Lebenslagen im Einzelfall nicht wird ermessen können. Ein Urteil über die Entscheidung anderer steht uns nicht zu. Für die Suizidbeihilfe bedeutet dies in sozialethischer Hinsicht: Organisierte Formen der Sterbehilfe sind abzulehnen, da sie den assistierten Suizid als normale Dienstleistung einer Gesellschaft erscheinen lassen könnten und auch ein Druck auf kranke und alte Menschen entstehen könnte. Als äußerste Möglichkeit im konkreten Einzelfall soll jedoch ein Freiraum bleiben, in dem alle Beteiligten eine gewissensgeleitete Entscheidung treffen können, ohne dass die rechtlichen Bestimmungen dies unmöglich machen.

4. *Einige ethische Grundsätze*

Auf dem Hintergrund der drei genannten konkreten Beispiele sind abschließend einige allgemeine Grundsätze festzuhalten.

Evangelische Ethik ist an der Schrift orientiert bzw. an jenem Wirklichkeitsverständnis, wie es uns in der Heiligen Schrift erschlossen ist. Nach christlicher Auffassung hat alle Wirklichkeit ihren Ursprung, ihre Bestimmung und ihr Ziel in der Wirklichkeit des dreieinigen Gottes. Wir Christen verstehen uns als Geschöpfe und bekennen Gott als den Schöpfer allen Lebens (Gen 1,1). Wir erfahren die Erde als einen guten Ort zum Wohnen für alle Kreatur (Jes 45,18). Inmitten dieses weiten Lebensraumes der

Schöpfung nimmt nun freilich der *Mensch* eine besondere Stellung ein, indem sein Leben durch zwei grundlegende Befähigungen ausgezeichnet ist: Gott hat sich mit dem Menschen ein Gegenüber erschaffen, dem *Freiheit* und *Verantwortung* zukommen. Die Bestimmung zum freien und verantwortlichen Handeln ist deshalb eine Grunddimension menschlichen Lebens, die ihm aufgibt, sich in seinem Handeln – im Guten wie im Bösen – selbst bestimmen zu können und zu sollen.

Die Doppelwendung „Freiheit und Verantwortung" macht auf einen polaren Sachverhalt aufmerksam: Der Mensch ist frei, unabhängig, zu selbstbestimmtem Tun in der Lage. Aber diese Freiheit gilt nicht absolut und unbegrenzt. Sie hat ihren Grund nicht in uns selbst, sondern: „*Zur* Freiheit hat uns Christus befreit!" (Gal 5,1a). Es ist eine Freiheit „coram deo" (vor Gott), eine zu verantwortende Freiheit. Unsere Freiheit ist gefährdet. Der zur Freiheit berufene Mensch kann sich in sich selbst verkrümmen (Luther: „incurvatus in seipsum"). Menschliche Freiheit kann sich gleichsam selbst wieder in einem „knechtischen Joch" (Gal 5,1b) verfangen.

Diese Spannung kennzeichnet das menschliche Handeln in christlicher Sicht bleibend. Wir sollen und dürfen uns „die Erde untertan machen" (Gen 1,28) und „sie bebauen und bewahren" (Gen 2,15). Das schließt die sich mit der Entwicklung der modernen Wissenschaften ergebenden *Einwirkungsmöglichkeiten* des Menschen ein. Aber auch die mit den modernen Wissenschaften gegebenen Möglichkeiten bedürfen einer bewussten Wahrnehmung von Verantwortung für die sich damit ergebenden Handlungsmöglichkeiten. Christen und Christinnen stehen hier wie alle Menschen in einer besonderen *Verantwortung gegenüber der Schöpfung*, wie sie unter allen Lebewesen allein der Mensch übernehmen kann. Die Stichworte Atomkraft und Klimaschutz machen deutlich, wie in allem menschlichen Handeln Gefährdungsmöglichkeiten enthalten sein können, die wir oft erst spät erkennen.

Grundlegend für eine christliche Ethik, die sich im Gespräch mit der Heiligen Schrift befindet, ist die alles menschliche Handeln relativierende Erkenntnis der *Differenz zwischen Schöpfer und Geschöpf*. Doch das Bedenken des Unterschieds zwischen Schöpfer und Geschöpf, das dieses zu seinem Heil bei allem ethischen Nachdenken niemals vergessen sollte, ist falsch verstanden, wenn angenommen wird, dass es neben

Gott keine menschliche Freiheit geben könne. Das Wissen um die besondere Beziehung zwischen Schöpfer und Geschöpf stellt auch die Beziehungen zu Mitmenschen und Mitgeschöpfen in ein besonderes Licht.

Die heilsame Differenz zwischen Gott und Mensch macht nun allerdings erst möglich, den Menschen vor Gott in besonderer Weise auszuzeichnen und ihn groß zu machen: Der *Mensch* ist zum *Bilde Gottes* geschaffen (Gen 1,26): „Gott schuf den Menschen zu seinem Bilde". Der biblische Gedanke der *Gottebenbildlichkeit* stellt damit eine fundamentale Grundbestimmung des Menschen allem anderen voran, was sonst noch über den Menschen zu sagen ist: Der Mensch ist als sein Ebenbild „wenig niedriger" (Ps 8,6) und zur Gemeinschaft mit Gott berufen und dadurch ausgezeichnet, dass dieser Gemeinschaft das Siegel der Freiheit auf beiden Seiten zukommt.

Die Bestimmung zur Gemeinschaft mit seinem Schöpfer verleiht dem Menschen eine unverwechselbare *Würde*, die in der Beziehung Gottes zu seinem Geschöpf und Ebenbild fest gegründet ist. Ein in dieser Weise *relational* gedachtes *Verständnis von Würde* hat Folgen: Die Würde des Menschen kann *nicht abhängig* gedacht werden von *Qualitäten des Geschöpfs*. Weder von seinem Entwicklungsstand noch von seiner Leistung und Leistungsfähigkeit kann es abhängen, dass sein Leben eine Gabe des Schöpfers ist und von der Liebe Gottes getragen wird. Zu Gottes Schöpfung wird menschliches Leben dann nicht erst ab einem bestimmten Zeitpunkt seiner biologischen Entwicklung und auch das Ende der Funktionsfähigkeit des menschlichen Gehirns allein kann dann nicht ohne Weiteres mit dem Tod des Geschöpfs gleichgesetzt werden.

Die Würde des Menschen, die ihm als Gottes Ebenbild zukommt, wird auch durch den Tod des Geschöpfs nicht hinfällig. Teil der Würde ist in der Perspektive des Glaubens nicht zuletzt die *Verheißung der Auferstehung*. Die Würde des Menschen geht im *Tod* nicht unter, sondern verwandelt sich. So wird sie auch zum Anspruch auf Respekt, der allen Verstorbenen von Seiten der Lebenden gebührt. Auch die Toten gehören bleibend zur Gottesfamilie.

Wenn aber in solcher Weise jedem Menschen Würde zukommt, so kann es nicht angehen, wenn über einen Menschen und seinen „Lebenswert" geurteilt und ihm die Würde, die ja allein in der Gottesbeziehung gegründet ist, unter Umständen wieder

Trauung in der Frauenkirche Dresden

abgesprochen werden soll. Vielmehr kommt die Überzeugung, dass letztlich nicht eigene Qualitäten dem Menschen Gottebenbildlichkeit und damit *Würde verleihen*, sondern *Gottes Annahme* dies tut, erst darin zu ihrem Ziel, dass *kein Leben* als hiervon *ausgeschlossen* gedacht werden kann. Und dies gilt gerade für schwaches und krankes, für behindertes und sterbendes Leben.

Wir können also nicht einen Zeitraum am Beginn der Lebensentwicklung und einen weiteren am Ende des Lebens von Menschen als noch nicht oder nicht mehr durch Würde ausgezeichneten Raum herausnehmen. *Alle Lebens-Zeit* ist vielmehr vor Gott in gleicher Weise als *Zeit der Würde* ausgezeichnet und insofern *vor wertenden Zugriffen durch Menschen geschützt.* Damit aber ist zugleich sichergestellt, dass der *Mensch* stets als *Subjekt* zu schützen ist, niemals aber zum Objekt und zum Mittel anderer Zwecke gemacht werden darf. Dem biblischen Grundgedanken der Gottebenbildlichkeit korrespondiert insofern die Achtung vor der *Freiheit* jedes Menschen, wie sie im Zentrum reformatorischen wie auch aufklärerischen Denkens steht.

Reinhard Turre

Diakonie als Anwältin und Dienstleisterin

Im Rückblick auf seine Arbeit als Direktor des Diakonischen Werkes der Evangelisch-Lutherischen Landeskirche Sachsens schrieb Jochen Bohl: „Neben der Integration zahlreicher Entwicklungen und vieler Menschen in das Werk und seine Strukturen gewann die Wahrnehmung des sozialpolitischen Mandats in der Öffentlichkeit und gegenüber den politisch Verantwortlichen des Freistaates besondere Bedeutung; Diakonie ist ja nicht anders denn anwaltschaftlich möglich."[1] Was der scharfsichtige und aktive Mitgestalter des atemberaubenden Umgestaltungsprozesses des Diakonischen Werkes der Jahre 1995 bis 2004 so treffend zusammengefasst hat, soll in diesem Beitrag ihm zu Ehren noch einmal zum eigenen Thema gemacht werden.

1. *Die veränderten Rahmenbedingungen*

Wer im Osten Deutschlands die Arbeit der Diakonie maßgeblich mitbestimmte, der hatte sich sogleich auf einen doppelten Wandel einzustellen: Im ersten Schritt war die *Transformation* von der zentralen Planwirtschaft der DDR hin zu einem föderal ausgerichteten Gesundheits- und Sozialwesen zu vollziehen. Der Freien Wohlfahrtspflege wurde gemäß dem Subsidiaritätsprinzip ein großer Freiraum zu eigener Gestaltung

---

[1] Vgl. Ulfrid Kleinert (Hg.), So viel Anfang war nie. Sächsische Diakoniegeschichte in den 1990er Jahren, Leipzig 2004, 5.

Neubau Diakonisches Amt in Radebeul

eingeräumt. Nach langen Jahren der Bevormundung durch den Staat durfte die diakonische Arbeit nach den Prinzipien der Subsidiarität, der Solidarität und der Personalität getan werden. Damit kamen endlich auch im Osten Deutschlands die entsprechend der evangelischen Sozialethik und der katholischen Soziallehre bestimmenden Leitprinzipien sozialer Arbeit zur Geltung.

Statt des bis dahin geltenden Vorrangs der freien Träger wurde sehr bald in West und in Ost der *Wettbewerb* zwischen privatgewerblichen, freien und öffentlichen Träger zum leitenden Prinzip im Gesundheits- und Sozialwesen. Man beabsichtigte damit, die gewachsenen Kosten zu dämpfen. Der preiswerteste Anbieter wurde bei der Übernahme sozialer und medizinischer Arbeiten favorisiert. Nicht mehr das Wohl des Hilfsbedürftigen, sondern das preiswerteste Angebot wurde bestimmend bei der nun üblichen Ausschreibung und Beauftragung für soziale und medizinische Dienstleistungen. Ein kontinuierliches mittelfristiges Angebot freier Träger war offenbar nicht mehr vorrangig gewollt.

Hinzu kamen gesellschaftliche Veränderungen: Die individuellen Bedürfnisse der Hilfsbedürftigen wurden vielfältiger. Überhaupt schritten die Pluralisierung und die

Polarisierung in der Gesellschaft voran. In den verschiedenen Milieus werden oft gegensätzliche Erwartungen formuliert. Privilegien werden zäh verteidigt: der Alten gegenüber denen der Jungen, der Ausgebildeten gegenüber denen der Bildungsfernen, der Hochverdiener gegenüber denen derer, die im Niedriglohnbereich arbeiten. Neuerdings wird von der Zuwanderung aus Osteuropa und aus den Entwicklungsländern eine Lösung des Arbeitskräftemangels auch im sozialen Sektor erwartet. Es tut sich eine neue Front zwischen Einheimischen und Zugewanderten auf. Die Politik schwankt zwischen rüder Abwehr der nicht Ausgebildeten an den Grenzen und lockender Einladung an auch im Sozialbereich dringend gesuchte ausgebildete Kräfte.
Am schwersten fallen die Veränderungen in den *Familien* ins Gewicht. Der für das Sozialwesen wichtige Zusammenhalt hier ist schwächer geworden. Nun müssen Institutionen gewährleisten, was früher familiar abgedeckt wurde. Der Prozess der Auflösung enger familiärer Kontakte wurde beschleunigt durch die auf dem Arbeitsmarkt erwartete Mobilität. Längst ist schon die Kleinfamilie als Ort gegenseitiger Unterstützung in Auflösung begriffen. Dem gestiegenen Bedarf an Kindertagesstätten und Schulen haben sich auch die Kirchen und ihre Diakonie gestellt. Die Familie entlastende Angebote werden gern angenommen.
Der Wandel im Sozialbereich findet inzwischen in Ost *und* in West statt. Meist wird nur nachträglich, wie in der Kranken-, Renten- und Pflegeversicherung, darauf reagiert. Frühzeitige Mahner wie im Fall der Rentenversicherung der damalige sächsische Ministerpräsident Kurt Biedenkopf werden unwillig beiseitegeschoben. Es fehlt europäisch, national und regional an langfristigen Konzepten, die einen Ausgleich schaffen zwischen den divergierenden Interessen. Auf der nationalen Ebene gibt es zum Beispiel dringenden Handlungsbedarf angesichts der zunehmenden Verschuldung im Krankenhausbereich. Ein großer Teil dieser Einrichtungen schließt gerade mit negativen Bilanzen ab. Wegen der Finanzierung der dringend notwendigen Investitionen gibt es ein Verschiebespiel zwischen den Kassen, dem Bund und den Ländern. An dieser und an anderen Stellen zeigt sich der Nachteil unseres föderalen Systems. Auf der kommunalen Ebene stehen alle freiwilligen Leistungen und unter ihnen die Beratungsarbeit und die Jugendhilfe in Frage.

2. *Kirchliche Stellungnahmen*

In den letzten 25 Jahren haben die Kirchen zu den zunehmend dramatisch verlaufenden Entwicklungen Stellung genommen und dabei an frühere Äußerungen angeknüpft. Es begann 1997 mit dem gemeinsamen Wort des Rates der EKD und der Deutschen Bischofskonferenz zur wirtschaftlichen und sozialen Lage in Deutschland. Ihm folgten seitens der EKD Stellungnahmen und Denkschriften zu Migration und Flucht (*Und der Fremdling, der in deinen Toren ist*, 1997), zur Gesundheitsreform (*Solidarität und Wettbewerb*, 2000; *Und Deinen kranken Nachbarn auch*, 2011), zur Rentenreform (*Verantwortung und Weitsicht*, 2000), zu bioethischen Fragen (*Im Geist der Liebe mit dem Leben umgehen*, 2002), zur Reform der Pflegeversicherung (*Zukunft der Pflege*, 2002), zum Arbeitsmarkt (*Soziale Dienste als Chance*, 2002), zur Armut in Deutschland (*Gerechte Teilhabe*, 2006).

Schon 1987 hatte es eine Denkschrift zur Alterssicherung gegeben (*Die Notwendigkeit einer Neuordnung*), die leider bis heute noch nicht aktualisiert worden ist, obwohl die Probleme der demographischen Entwicklung dringlicher geworden sind. An die Verantwortung der Unternehmer wurde appelliert (*Unternehmerisches Handeln in evangelischer Perspektive*, 2008) wie auch an die der Verantwortungseliten (2011). Schließlich wurde zu der Wirtschafts- und Finanzkrise Stellung genommen (*Wie ein Riss in einer hohen Mauer*, 2009). Einer Ausarbeitung der Sozialkammer zur Steuergerechtigkeit hat der Rat der EKD nur den Status einer Studie verliehen (*Transparenz und Gerechtigkeit*, 2009).

Endlich ist 2014 wieder eine gemeinsame „Initiative des Rates der EKD und der Deutschen Bischofskonferenz für eine erneuerte Wirtschafts- und Sozialordnung" zustande gekommen. 17 Jahre nach ihrem ersten „Gemeinsamen Wort" bekennen sich die beiden großen Kirchen darin zu einer gemeinsamen Verantwortung für eine gerechte Gesellschaft. Freiheit, Solidarität und Gerechtigkeit mussten als grundlegende Werte nach der Finanzkrise und angesichts der fortschreitenden Globalisierung, des Klimawandels und des demographischen Wandels neu proklamiert werden. Die anwaltliche Funktion der Kirchen wird bei gemeinsamen Worten in der Gesellschaft und in der

Politik stärker zur Kenntnis genommen, wie dies auch bei gemeinsamen Aktionen des Diakonischen Werkes und des Caritasverbandes der Fall ist.

Dabei wird es immer neu um eine Verständigung darüber gehen, was der Bürger selbst tragen muss, was die Sicherungssysteme leisten können und was der Staat aus Steuermitteln zum Schutz der Schwachen und zum Ausgleich zwischen den Wohlhabenden und den Bedürftigen tun muss. Auch in der kirchlichen Debatte wird, wie aus den genannten Stellungnahmen ersichtlich wird, darum gerungen, wie die Prioritäten gesetzt werden sollen. Sie sind Ergebnisse von Gesprächen zwischen evangelischen Christen, in denen nicht einfach etwas festgelegt wird. In gegenseitiger Achtung auch unterschiedlicher Ansichten zu den sozialen Fragen werden Konsense gesucht. Dabei hat die Evangelische Kirche unter anderem folgende Aussagen als ihre leitenden Empfehlungen herausgestellt:

- Die Ehrfurcht vor dem Leben bleibt leitendes Motiv christlichen Handelns.
- Jeder Mensch ist als Geschöpf und Ebenbild Gottes gleichwertig zu behandeln.
- Der Mensch ist in seiner Ganzheit mit Leib, Seele, Geist, sozialer und ökologischer Verbundenheit zu betrachten.
- Die Liebe wird in der biblischen Tradition als höchster Wert angesehen.

In der pluralistischen Gesellschaft sind die Kirchen nur ein Akteur unter anderen. Sie haben nur die Autorität des einladenden und bittenden Wortes, wenn sie ihre Stimme für die Hilfsbedürftigen erheben. Mit Zwang und Gewalt werden sie ihre Ansichten nicht durchsetzen. In ihren Einrichtungen haben sie Anteil an den allgemeinen Entwicklungen im Gesundheits- und Sozialwesen. Ihre Glaubwürdigkeit hängt davon ab, in welchem Maße es ihnen gelingt, zuerst in ihren Gemeinden und Einrichtungen den herausgestellten Grundsätzen Geltung zu verschaffen. Dazu werden sie konzeptionell und finanziell transparent sein müssen. Als Minderheit in der säkularisierten Gesellschaft werden sie für ihre Überzeugung werben und Bündnisgenossen suchen.

Die wichtigste Aufgabe der Kirchen wird es sein, vor Ort den *Glauben* zu wecken, der sich von Gott beschenken lässt und in der Liebe tätig ist. Menschen mit einem solchen Glauben werden mit Freude und mit Hoffnung auch den schwierigen Situationen im

Eröffnung der 18. Aktion „Stollenpfennig" am 21. November 2011 in Schmiedeberg

Sozialwesen begegnen. Sie werden gern ihre Gaben einsetzen und den langen Atem behalten, wenn die Kraft zum Durchhalten und neuen Gestalten nötig ist. Durch die Geschichte hindurch haben sich die Mütter und Väter der Diakonie darauf gründen können, dass sich solche Mitarbeitenden immer neu finden lassen. Es war immer so, dass das Ausmaß der Not größer war als das Maß, helfen zu können. Das Mögliche gut und gern zu tun, genügt.

Martin Luther zum Beispiel hätte am liebsten in jeder Gemeinde eigene diakonische Institutionen eingesetzt, ohne überhaupt die Obrigkeit in Anspruch zu nehmen. Aber er hat mit guten Gründen gezögert: „Wir haben nicht die Person dazu, darumb trau ich's nicht auszufahren, solang bis unser Herr Gott Christen macht"[2]. Auch Luther hat an die Regierenden appellieren müssen, einzuschreiten, wenn Unrecht geschieht, die Armen vor Ausbeutung zu schützen und den Bettel grundsätzlich aufzuheben.[3] Es wird dabei bleiben, dass seitens der Evangelischen Kirche und ihrer Diakonie zwar ein beachtliches exemplarisches Angebot sozialer Dienstleistungen gemacht werden kann, aber sie wird keine flächendeckende soziale Arbeit gewährleisten können. In

---

2 WA 12, 693.

3 Vgl. An den christlichen Adel deutscher Nation, WA 6, 257 ff.

diesem Verzicht auf eine alles umfassende Arbeit liegt ein entlastendes Moment für die Mitarbeitenden. Sie sollen sich gut und kompetent der sozialen Nöte annehmen. Dabei müssen sie sich nicht ständig überfordern.
Tatsächlich musste schon immer auf die soziale Verantwortung der politisch Agierenden hingewiesen werden. Man denke zum Beispiel an die Denkschriften Wicherns und Lohmanns im 19. Jahrhundert. Sie sind ihrer anwaltlichen Funktion so gut gerecht geworden, dass sie bis in die Gesetzgebung und in die Praxis hinein ihre Wirkung hatten. Ihre Glaubwürdigkeit bezogen sie aus der von einer Mehrheit in der Bevölkerung als segensreich empfundenen diakonischen Arbeit.

3. *Anwältin im nichtmarktfähigen Bereich*

Die nach der Friedlichen Revolution 1989 neue soziale Orientierung des Sozialstaates zielt auf die Anwendung marktwirtschaftlicher Mechanismen auch auf die soziale und medizinische Arbeit. Es hat inzwischen eine Entwicklung vom Sozialstaat mit den freien und kommunalen Trägern hin zum Sozialmarkt mit dem Wettbewerb verschiedener Anbieter sozialer Arbeit stattgefunden. Zwar verstand sich die alte Bundesrepublik als eine soziale Marktwirtschaft, in der DDR sprach man von der Einheit von Wirtschafts- und Sozialpolitik. Im internationalen Wettbewerb ist aber heute dem freien Spiel des Marktes auch im Bereich des Sozialen immer mehr Spielraum eingeräumt worden. Selbst von der Europäischen Union wird darauf geachtet und mit Sanktionen gedroht, wenn man den freien Markt zu sehr national reguliert.
Diese Ausgangslage verändert auch die diakonische Arbeit. Sie hat inzwischen ihre Verwaltung deutlich erweitern müssen. Die Kontrolleure des Wettbewerbs erwarten Statistiken, die die Diakonie als günstigen Anbieter ausweisen und Qualitätsnachweise, die aufgrund immer umfänglicherer Handbücher erbracht werden müssen. Nur indem sie „gut aufgestellt" sind, wie man heute zu sagen pflegt, können sich die Einrichtungen und Dienste gegenüber den Kostenträgern Gehör verschaffen.
Ihre anwaltliche Funktion wird die diakonische Arbeit zuerst für die ihr anvertrauten Menschen und die eigenen Mitarbeitenden wahrzunehmen haben. Der Schutz

für die Schwachen und für mehr Gerechtigkeit unter den verschiedenen Schichten der Bevölkerung muss immer wieder neu eingefordert werden. Die Wahrung der Menschenwürde, der Artikel 1 des Grundgesetzes, ist ein unverzichtbarer Bestandteil anwaltlicher Argumentation. Hinzu kommt international das Eintreten für die Menschenrechte. Dabei werden nach innen und nach außen dem Markt Grenzen zu setzen sein, obwohl er immer eine Tendenz zur Grenzenlosigkeit hat. Auf einem Sozialmarkt, der Flexibilität, Dynamik und Effektivität fordert, sind die Belange derer zu schützen, die bei den Leistungsanforderungen und der Schnelligkeit zurückbleiben. Die Evangelische Kirche hat diese Aufgabe in den letzten Jahren in ihrer Verkündigung und in ihren Stellungnahmen wahrgenommen. Verschiedene Stufen anwaltlicher Arbeit sind zu beachten: Durch *Information* werden die verdrängten Probleme ins Bewusstsein gerückt. Auch muss deren tatsächlicher Stellenwert immer wieder neu festgestellt werden. Der Überschätzung und der Unterschätzung muss widersprochen werden. Zum Beispiel ist in den letzten Jahren die Zunahme der Asylbewerber und Migranten dramatisiert worden. Jedenfalls hält sich diese im Osten Deutschlands in Grenzen. Zuweilen stellen einzelne Gruppen ihre Interessen so lautstark dar, dass es schwierig wird, sie in ein angemessenes Verhältnis zu den Nöten anderer zu setzen. In ihrer prophetischen Funktion hat die Kirche die Belange der tatsächlich Benachteiligten zu vertreten. Die in unserem Grundgesetz garantierten Menschenrechte dürfen nicht nur für die garantiert werden, die sie am lautstärksten anmelden. Die Information über die tatsächlichen Zahlen der Betroffenen wird zu verantwortlichem politischem und sozialem Handeln helfen. Heute muss in der Fülle der Informationen auch deren Gewichtung vorgenommen werden, damit es zu sinnvollen sozialen und politischen Entscheidungen kommen kann.

Über die nüchterne und beherzte Darstellung der tatsächlichen Gegebenheiten hinaus braucht es gewiss die laute *Proklamation* seitens der Kirche für jene, die stumm und resigniert schweigen und ihre Rechte schon aufgegeben haben. Für sie muss in den komplexen und komplizierten gesellschaftlichen Abläufen argumentiert werden. Fehlentwicklungen und ihre Folgen müssen benannt werden. Dazu sind gutachterliche Stellungnahmen aus dem Raum der Kirche nützlich, wie sie zu einigen Sachverhalten vom Diakonischen Werk und dem Caritasverband vorgelegt worden sind. Seitens der kirchlichen Verbände sind zum Beispiel umfängliche Beschreibungen der zunehmenden Armut in der Gesellschaft vorgelegt worden.

Wo Informationen und Proklamationen nicht wahrgenommen werden, bedarf es hin und wieder der *Demonstration* als Mittel, sich in der Gesellschaft Gehör zu verschaffen. Dort wird allerdings nur plakativ gesprochen, damit die Belange von Mitarbeitenden und Patienten in die Öffentlichkeit getragen werden. Am wirksamsten sind solche Demonstrationen, in denen sich verschiedene Akteure sozialer Arbeit zusammentun und gemeinsam ihre Anliegen vortragen. Seitens von Ärzten und Pflegern ist dies immer einmal geschehen. Die Mitarbeitenden aus den kirchlichen Einrichtungen haben sich dabei eher zurückgehalten. Die Demonstration kann nur selten als Mittel anwaltlichen Eintretens gelten. Die Regel wird die mühevolle Verhandlung sein.

Nur als Ultima Ratio können *Gerichtsprozesse* angesehen werden. In aller Regel gehen soziale Entscheidungen aus politischen Debatten hervor. Die rechtliche Klärung von Ansprüchen, die sich aus den Sozialgesetzen ergeben, braucht zudem meist so lange Zeiten, dass ihr Ergebnis für die Berechtigten zu spät kommt. Deshalb sind Kirche und Diakonie gut beraten, sich durch Juristen vertreten zu lassen, die schon im Prozess der Gesetzgebung ihre Voten abgeben können.

Wer heute das Gesundheits- und Sozialwesen mitgestalten will, muss fachkundige und juristisch abgesicherte Vorschläge für die vertraglich abgesicherte *Kooperation* mit den Kassen und dem Staat machen. Zwar können die Kirchen mit ihrer Diakonie nur ergänzen, was dem Staat nicht abzunehmen ist. Sie haben aber in ihren Einrichtungen die Möglichkeit, beispielhaft zu praktizieren, was sie auch gesamtgesellschaftlich als wünschenswert ansehen. Modelle sollten gemeindlich und kirchlich mitgetragen werden, wenn sie über die gesetzlichen Erfordernisse hinausgehen. Es wird sich in den nächsten Jahren zeigen, ob es dazu auch die weitergehende Zusammenarbeit mit anderen Trägern der sozialen Arbeit geben kann. Mit dem Caritasverband gibt es schon sogenannte „Mischträgerschaften" (z. B. Bahnhofsmission). Diese werden künftig so zu entwickeln sein, dass in ihnen das Profil diakonischer Arbeit weiter erkennbar bleibt.

4. *Dienstleisterin auf dem Sozialmarkt*

Die Diakonie befindet sich heute im Wettbewerb mit den anderen freigemeinnützigen, den kommunalen und den privatgewerblichen Anbietern sozialer und medizinischer Dienstleistungen. Diese Konkurrenz hat zur Belebung im sozialen Sektor geführt. Man wird sparsam, aber auch kreativ und professionell werden müssen, um in diesem Wettbewerb zu bestehen.

Diesen Vorteilen stehen allerdings Verluste gegenüber. Wenn die Erfolge auf dem Markt zum alleinigen Kriterium für die Bewertung der Dienstleistungen werden, kommt gewiss zu kurz, was die Hilfesuchenden eigentlich wollen und brauchen.

Der *Markt* richtet nicht nur, sondern richtet auch zugrunde, was mit guten Gründen in der Vergangenheit gewachsen ist. Um nur einige Tendenzen aufzuführen: Aus Patienten werden Kunden, aus Helfern für Hilfsbedürftige werden Anbieter und Produzenten von Dienstleistungen, aus selbstverständlicher Hilfe werden Punkte in einem Abrechnungssystem, aus dem Wetteifer der Helfer wird der Wettbewerb der Verdiener, aus der ganzheitlichen Hilfe wird die quantitative Leistungsbemessung.

Zu einer besonderen Schwierigkeit wird die angemessene *Evaluierung* der verschiedenen Anbieter. Nachdem lange Zeit nur die Preise ausschlaggebend für die Beauftragung sozialer Leistungen waren, soll nun mit Hilfe von Dokumentationen die Qualität der Arbeit näher bestimmt werden. Sie müssen in immer umfänglicherem Maß erstellt werden. Die dafür aufgewendete Zeit geht zu Lasten der unmittelbaren Dienste und Leistungen an den Menschen. Die Auskünfte von Computern werden dabei bestimmend, obwohl diese doch nur die quantifizierbaren Leistungen erfassen können. Es ist fraglich, ob deren Addition die Gewähr für eine dem Menschen wirklich dienliche Qualität abbildet. So wollen zum Beispiel die Kassen nur denjenigen Krankenhäusern Kosten erstatten, die eine Vielzahl der betreffenden medizinischen Eingriffe vornehmen. Von dem hohen Quantum wird eine hohe Qualität abgeleitet, weil die Systeme nur die Quantität erfassen können.

Die veränderten Bedingungen auf dem Sozialmarkt haben die Einrichtungen gezwungen, sich als „Unternehmen der Barmherzigkeit“ (Alfred Jaeger) zu verstehen.

Diakonisch Verantwortliche haben schon lange unternehmerisch gehandelt. In der Geschichte der Diakonie lässt sich eine große Zahl unternehmerischer Persönlichkeiten aufzählen. Sie haben die sozialen Aufgaben in Übereinstimmung mit ökonomischen Erfolgen gebracht.

In den letzten Jahren ist im Raum der Diakonie um eine angemessene Bewertung der Leistungen gerungen worden. Zwar gibt es gute Gründe, sich im *Benchmarking* mit anderen Einrichtungen zu vergleichen, um zu sehen, wo man steht. Aber bei den Leistungen in der Diakonie geht es um mehr als das, was Computer und Statistiker erfassen können. Sicher ist gerade dieses „Mehr" ein Kriterium für die Konkurrenzfähigkeit eines Angebotes mit diakonischem Profil heute. Die Empfänger der Hilfeleistung entwickeln ein gutes Gespür für die Glaubwürdigkeit und Echtheit im diakonischen Handeln. Der gute Ruf diakonischer Angebote ist in einer langen Geschichte von Menschen begründet worden, die sich in ihrem Helfen von dem Glauben haben leiten lassen, der in der Liebe tätig ist (Gal 5,6). In diesem Glauben ist es ihnen nicht vordergründig um materiellen Erfolg gegangen, sondern um Liebe und Solidarität, die unberechenbar und unbezahlbar sind. Durch diesen Glauben bestimmt sich für sie, was sie unter „Dienst" und „Leistung" im Dienstleistungssektor verstehen. Die digitalen Systeme sind nur sehr begrenzt dazu in der Lage, dies zu erfassen. Der Helfer ist ja mehr als ein Produzent und der Hilfsbedürftige mehr als ein Kunde. Wer Leistung im sozialen Bereich ökonomisch verkürzt, wird ihrem Sinn nicht gerecht. Es geht um mehr als das, was sich rechnen und erstatten lässt. Hinzu kommt, dass Hilfe ein Beziehungsgeschehen zwischen Helfer und Hilfsbedürftigen ist. Sie richtet nicht eine Herrschaft der Starken gegen die Leistungsschwachen auf, sondern beteiligt die Schwachen, indem sie fragt und berücksichtigt, was sie brauchen und an ihnen getan werden kann.

Die Aufmerksamkeit hat sich in den letzten Jahren sehr auf die Mitbestimmung der Mitarbeitenden konzentriert. In arbeitsrechtlichen Kommissionen ist um deren Rechte und die Höhe ihrer Verdienste gestritten worden. Umstritten blieb, inwieweit daran die Gewerkschaften beteiligt werden sollten. Der Profilierung der diakonischen Arbeit ist dieser Streit nicht besonders dienlich gewesen. Deshalb soll dieser immer neu gestellten Aufgabe zuletzt nachgegangen werden.

5. *Zum Profil diakonischer Arbeit*

Schon im Jubiläumsjahr der Diakonie 1998 hatte der Rat der EKD eine Denkschrift vorgelegt unter dem Titel *Herz und Mund und Tat und Leben*. Seitens des Diakonischen Werkes ist eine Konkretion in dem Leitbild „Diakonie – damit Leben gelingt" versucht worden. In beiden Vorlagen wurde der Versuch gemacht, das Profil moderner diakonischer Arbeit zu bestimmen. Im Leitbild heißt es zu unserem Thema in Satz 3:

> „Wir leisten Hilfe und verschaffen Gehör." Sowohl die Dienstleistung wie die anwaltliche Aufgabe der Diakonie werden hier beschrieben: „Wir pflegen und heilen, trösten, stärken und fördern [...]. Zugleich erheben wir unsere Stimme für diejenigen, die nicht gehört werden."

Die diakonische Arbeit wird heute von Menschen mit unterschiedlicher *Motivation* getan. Das nötigt zur Selbstbesinnung und Selbstbestimmung darüber, was die Handelnden in ihrem Dienst und in ihrer anwaltlichen Funktion eint. Dazu gehört die Erinnerung, dass sich die in der Diakonie Tätigen zuerst selbst als von Gott beschenkte Menschen verstehen dürfen. Dann können sie darauf achten, dass sie ihren Dienst wie auch ihr anwaltliches Mandat dementsprechend ausüben.
Mit dem Apostel Paulus gesprochen: „Wer Barmherzigkeit übt, der tue es mit Lust" (Röm 12,8), wie es noch in der alten Lutherübersetzung hieß. Man kann auch übersetzen: mit Heiterkeit und Fröhlichkeit. In dem ernsten Handlungsfeld medizinischer und sozialer Arbeit wird bis heute bestimmt mit Fleiß und Anstrengung gearbeitet. Wer aber den Zuspruch und Anspruch Jesu Christi für sich gehört hat, der wird gewiss mit Freude und mit der Hoffnung arbeiten können, die über sein Handeln hinaus von Gott mehr erwartet, als er selbst tun kann. Diakonie ist Handeln in der Freiheit und der Bescheidenheit der durch Christus Beschenkten und Befähigten. Der Herr Jesus Christus ist der eigentliche Auftraggeber: Seine Diakonie ist der Diakonie der Helfer schon immer voraus. Von ihm her dürfen sie Mut und Maß für ihr Handeln beziehen. Das wird den Inhalt und den Stil ihrer Dienstleistung und ihrer Anwaltschaft bestimmen.

In ihrem *Dienst* geben sie weiter, was sie zuvor empfangen haben: Als schon geliebte Menschen werden sie unbeirrt Liebe üben. Nicht um Dank und Lohn, sondern „aus Dank und Liebe“ (Wilhelm Löhe) kann ihre Dienstleistung geschehen. Weil Gott im Opfer Jesu Christi schon das Wichtigste erbracht hat, werden sie selbst opferbereit für das Wohl der anvertrauten Menschen tätig. Sie müssen sich also nicht selbst dafür opfern. Weil sie selbst aus der Vergebung und der Chance zu neuen Anfängen leben, wird ihr Dienst befreit von dem Zwang zur Perfektion.
Wie in ihrem Dienst so werden Christen sich auch als *Anwälte* erkennbar machen. Sie werden engagiert vor den politischen und sozialen Instanzen für das Wohl der ihnen anvertrauten Menschen kämpfen. Von diesen Instanzen werden sie aber nicht das Heil erwarten. So können sie mit Geduld und Ausdauer ihre anwaltliche Funktion wahrnehmen. Sie werden kundig für das in der Gesellschaft Mögliche eintreten, ohne dass ein blinder Eifer sie unglaubwürdig macht.
Die Diakonie als Dienstleisterin und als Anwältin ist also von einer dreifachen Tendenz bestimmt:

- Sie möchte die Botschaft der Kirche von der Gottes- und der Menschenliebe mit ihrem Handeln glaubwürdig machen.
- Sie will zutiefst und zuletzt Gott verherrlichen.
- Sie möchte Zeichen des kommenden Reiches Gottes sein.

Es ist ein Segen, wenn die Verantwortlichen in der Kirche den Blick für die Aufgaben der Diakonie behalten und die diakonisch Handelnden ihre Tätigkeit als Teil des Zeugnisses begreifen, das der ganzen Kirche aufgegeben ist.
Jochen Bohl ist dies in seinen kirchlichen und diakonischen Ämtern gelungen. Diese Zeilen verstehen sich als Dank eines Freundes und Weggenossen dafür.

Peter Meis

Predigt zu den Pfarrertagen 2014 (Psalm 73,1–14.21–28)

Liebe Schwestern und Brüder an diesem Pfarrertag, nicht selten ist es ein Gottesdienst, in dem uns das in der Jahreslosung formulierte Geschehen wie ein warmer Strom durchflutet – ebenjenes Glück, Gott nahe zu sein. Es gehört zu den beglückenden Seiten unseres Berufes, wenn sich im Resonanzraum der „schönen Gottesdienste des Herrn" (Eingangspsalm) am ehesten das Bekenntnis einstellt: *„Das ist meine Freude, dass ich mich zu Gott halte, und meine Zuversicht setze auf Gott, den Herrn."*
Der Normalfall ist dieser stille Jubel freilich nicht. Weder in unserer Existenz als Pfarrer – noch in der des Beters. Denn auch er kann sich dem nicht entziehen, was naheliegt. Er tut, was auch unsereiner ganz zwangsläufig tut: Er vergleicht sich. Er nimmt Maß an anderen. Sein Schicksal, seinen eigenen Lebensentwurf vergleicht er mit anderen. Mit einem vernichtenden Resultat freilich: Den anderen geht es besser! Wie das Fallnetz eines Vogelfängers legt sich dieses Vergleichen um seine Seele. Plötzlich der Freiheit beraubt, nimmt er verzweifelt wahr, wie die Maschen dieses Netzes immer enger werden und ihn nach unten ziehen. Vor dieser Falle ist keiner von uns gefeit. Schließlich werden wir mit dem Vergleichen groß. Da kommt der Zensurenspiegel nach einer Klassenarbeit daher – im Gewand einer pädagogischen Maßnahme. Da werden uns früh schon im Elternhaus Vorbilder – manchmal auch abschreckende – eingeprägt. Später haben wir sie uns selbst gesucht, theologische Lehrer studiert, und bis heute lassen wir uns von mehr oder weniger beeindruckenden Biographien anstecken. Dabei wissen wir, dass das Maßnehmen am Denken und

Empfinden anderer ein riskantes Unternehmen ist. Bei ausbleibender Akzeptanz, gar fehlgeschlagenen Bewerbungen fragen wir uns dann, was anderen an der eigenen Persönlichkeit mangelhaft erscheint. Umgekehrt sehen wir mit schwacher Genugtuung etwa im Krankenzimmer, dass es um die Heilungschancen des Bettnachbarn noch schlechter bestellt ist. Oder es holt uns die Bemerkung Immanuel Kants ein, der einmal notiert hat, „es sei in dem Unglück (auch) unserer besten Freunde etwas, das uns nicht ganz missfällt".

Wir vergleichen uns. Wir können nicht anders – und sehen uns dabei gewissermaßen selber zu, wie wir uns in Gefahr begeben. Nur selten baut es uns auf, spornt an oder führt zum Dank für das eigene, ganz andere Glück. Viel öfter nimmt es uns gefangen wie einen kranken Vogel.

Auch der Psalmbeter kommt nahezu unausweichlich zu einem niederschmetternden Ergebnis: Vor allem denen, denen es fernliegt, die Nähe Gottes zu suchen, geht es besser. Für sie, so klagt er, *„gibt es keine Qualen, gesund und feist ist ihr Leib. Sie sind nicht in Mühsal wie sonst die Leute, und werden nicht wie andere Menschen geplagt. Sie tun, was ihnen einfällt, und brüsten sich wie ein fetter Wanst."*

Die Derbheit der Worte ist erstaunlich. Wir würden uns das wohl kaum so getrauen. Aber sie ist auch befreiend. Denn der Beter urteilt nicht arrogant oder leichtfertig. Es schreit sich vielmehr aus seinem gequälten Körper heraus.

Wovon er gepeinigt wird, wissen wir nicht. Aber es raubt ihm den Schlaf. Und wer einem solchen Erholungsmangel pausenlos ausgesetzt ist, wird das eher als bescheidene Klage hören, wenn er sagt: *„Ich bin doch täglich geplagt, und meine Züchtigung ist alle Morgen da."*

Wer wüsste nicht, dass solches körperliches Leiden auch die Seele und damit den Glauben angreift. Derartige Nöte lehren nicht nur beten, sondern auch verdammen. Jedenfalls aber die Verzweiflung, in der einem alles verloren geht: Lebensmut, das Gottvertrauen und jede Form der Kreativität, irgendwie damit umzugehen.

Über Zweifel kann man mit anderen disputieren. Über Verzweiflung nicht. Sie lässt sich nie und nimmer widerlegen. Völlig neben sich – im wahrsten Sinne des Wortes

„ver-rückt", heißt es am Ende: *„Als es mir wehe tat im Herzen, und mich stach in meinen Nieren, da war ich ein Narr und wusste nichts, ich war wie ein Tier vor dir."*
Unerträglich, rätselhaft, diese Abgründe. Zumal der Beter sich ja an Gott zu klammern sucht. Er hat den Gottesdienst besucht. Er war im Geist der Seligpreisung entschlossen, sein Herz reinzuhalten, und hat sich dazu all den helfenden Ritualen unterzogen. Aber er muss eben – wie wir in dunklen Zeiten auch – die Erfahrung machen, dass der Glaube nicht immer Bestand hat. Die Zumutung des Psalms *„Siehe, das sind die Gottlosen; die sind glücklich in der Welt und werden reich"* kann gerade auch Theologen, die mit Leidenschaft ihrem Beruf nachgehen, verzagt machen, mindestens aber sehr nachdenklich. Zumal es ja nicht so ist, dass Glaube und Christentum die Welt augenscheinlich verbessern würden. Jedenfalls scheint mir das Argument, wir müssten in der modernen, säkularen Welt schon deshalb am Christentum festhalten, weil eine Welt ohne Gott brutaler würde, nicht zu stimmen. Oder? Es ist wohl vielmehr so, dass ein friedliches Zusammenleben auch ohne gelebte Kirchlichkeit funktioniert. Und dort, wo Religion im politischen Machtkampf gezielt eingesetzt wird, geht es offenkundig keinen Deut menschlicher zu.
All das schreit geradezu nach einer Antwort, wo denn die Lücken in der Mauer sind zwischen unserem und dem Raum Gottes. Lücken, die es glaubwürdig machen: *„Gott nahe zu sein, ist mein Glück."*
Welche Energien braucht es denn für diese frappierende Wende: *„Wenn mir gleich Leib und Seele verschmachtet, so bist du doch, Gott, allezeit meines Herzens Trost und mein Heil."*
Hat Franz Kafka Recht, wenn er das Geheimnis so beschreibt:

> „Der Mensch kann nicht leben ohne ein dauerndes Vertrauen zu etwas Unzerstörbaren in sich, wobei sowohl das Unzerstörbare als auch das Vertrauen ihm dauernd verborgen bleiben können. Eine der Ausdrucksmöglichkeiten dieses Verborgenbleibens ist der Glaube an einen persönlichen Gott."

Diesen hintergründigen Satz zu verstehen, also an Gott als persönlichem Gegenüber festzuhalten, obwohl er dauernd verborgen bleiben kann, bedarf einer Übung, von der auch Ordinierte nicht entbunden sind. Der Psalm gibt aber Hilfestellungen, die zu gebrauchen wir uns mit unserem Beruf glücklich preisen dürfen. Üben heißt ja wiederholen, insofern zuerst: Man muss ihn immer wieder beten. Jeden einzelnen Satz wie Schwarzbrot kauen. Gegen alle Erfahrung, vielleicht mit einem aberwitzigen Trotz: *„Dennoch bleibe ich stets an dir, denn du hältst mich bei meiner rechten Hand, du leitest mich nach deinem Rat und nimmst mich am Ende mit Ehren an.“*

Dieses fast trotzige „Dennoch“ richtet sich gegen den Gott, der sich uns entzieht, der einfach weiterziehen kann (nach Afrika, Asien ...). Es macht ernst damit, dass Gott nur anwesend ist als Abwesender. Und dass wir ihm darum weniger als agierende Kirche, sondern vor allem als hörende Kirche nahe sind. Aber es baut eben darauf, unser Leben nicht von den alltäglichen Erfahrungen, sondern vom Ende her zu begreifen. Von einem sinnvollen – und darin guten – Ende unseres Lebens, aber auch kirchlicher und politischer Entwicklungen, deren Ausgang wir nicht kennen.

„Hoffnung“, so hat Vaclav Havel einmal gesagt, „ist nicht die Überzeugung, dass etwas gut ausgeht, sondern die Gewissheit, dass etwas Sinn hat, egal, wie es ausgeht.“ *„Am Ende nimmst du, Gott, mich in Ehren an.“* Also einprägen. Daneben aber auch diese Übung: nämlich sich davor zu hüten, arglos in das Fallnetz des Vergleichens zu treten. Das Unglück, immer nur die zu sein, die wir aus der Sicht anderer sein sollten oder selber zu sein wünschen, ist vermeidbar. Denn das wissen wir ja: Der Maßstab von Soll und Haben ist vor Gott ein anderer als auf dem Kontoauszug. Gerade darum scheint es mir bemerkenswert, dass der Beter vom Haben nicht nur im übertragenen Sinne spricht: *„Wenn ich nur dich habe, so frage ich nichts nach Himmel und Erde.“* Was ist das für ein „Haben“? Wir haben ja Gott nicht. Aber Gott hat uns. Und das in einem überraschend natürlichen Sinn. Es ist in diesem Psalm ja kein göttliches Wort, das dem Verzweifelten zu Hilfe kommt. Sondern ein sinnlicher Kontakt von Hand zu Hand: *„Du hältst mich bei meiner rechten Hand.“*

Der stille Händedruck, den wir uns geben, die kleine Hand des Kindes, die sich beim Überqueren der Straße vertrauensvoll in unsere legt – manchmal sind es diese sinnlichen Berührungen, in denen das Glück, Gott nahe zu sein, im wahrsten Sinne des Wortes greifbar wird.

Und schließlich: Der Psalmbeter verbirgt seinen Schmerz nicht. Er ist kein Jammerer. Wohl aber einer, der weiß, dass ihm der Schmerz auf den Leib geschrieben ist. Das aber macht ihn sich seiner selbst bewusst. Im Schmerz ist er einerseits ganz bei sich selbst und zugleich offen für jene Erlösung, die er allein in der Nähe Gottes sucht und findet. Dieses offene Empfinden hält ihn vital. Es lehrt ihn unterscheiden, welche Konflikte und Lasten lösbar sein könnten und welche unlösbar bleiben. In seiner Gottsuche erfährt er jedenfalls mehr über sich selbst als ohne diese Suche, die ihn nur stumpf wie ein Tier zurücklassen würde.
Offenbar nur in solcher Übung, dort, wo Larmoyanz zu verantworteter Klage zurückfindet, wird es uns geschenkt, am Ende erlöst mit dem Beter zu bekennen: *„Das ist meine Freude, dass ich mich zu Gott halte, und meine Zuversicht setze auf Gott, den Herrn."*
Darin bewahre unsere Herzen und Sinne der Friede Gottes, der höher ist, als alles, was wir verstehen.

Amen

Autoren

Barenhoff, Günther; Pastor und Vorstand der Diakonie RWL i. R., geboren 1948 in Nellingen (Württemberg), Studium der Evangelischen Theologie in Münster und Heidelberg, 1974–1994 Vikariat und Pfarramt in Dortmund, 1994–2008 Landespastor für Diakonie der Evangelischen Kirche von Westfalen, 2008–2014 Vorstand und Sprecher der Diakonie Rheinland-Westfalen-Lippe. Mitglied im: Diakonischen Rat des DW der EKD, Aufsichtsrat der KD Bank Dortmund, Verwaltungsrat KZVK Dortmund, Vorsitzender des Landespflegeausschusses NRW (jeweils bis zum Ruhestand).

Bretschneider, Harald; Oberlandeskirchenrat i. R., geboren 1942 in Dresden, Studium der Theologie in Leipzig, Arbeiterpriester im Spezialbaukombinat Magdeburg, berufsbegleitende Lehre als Zimmerer, Pfarrer in Wittgendorf, 1979–1991 Landesjugendpfarrer, Direktor des DW-Stadtmission Dresden, Oberlandeskirchenrat. Mitglied in: Kirchenleitung, 1997–2008 der EKD-Synode, Stiftungsrat der Bürgerstiftung und im Vorstand der Fördergesellschaft der Gedenkstätte Sophienkirche-Busmannkapelle. Bundesverdienstkreuz am Bande (1999), Träger des Goldenen Kreuzes der AEJ in der Bundesrepublik (1999), Sächsische Verfassungsmedaille (2004), Bundesverdienstkreuz 1. Klasse (2012), Auszeichnung mit der Martin-Luther-Medaille der EKD (2012). Mitherausgeber von *Das Wunder der Freiheit und Einheit* (2014).

de Maizière, Thomas; Dr., Bundesminister des Innern, geboren 1954 in Bonn, Studium der Rechtswissenschaften in Münster und Freiburg, 1990 Berater im Amt des Ministerpräsidenten der DDR auf dem Weg zur deutschen Einheit, 1990–2005 Staatssekretär und Minister in Mecklenburg-Vorpommern und Sachsen, 2005–2009 Chef des Bundeskanzleramtes, seit 2009 Mitglied des Deutschen Bundestages, 2009–2013 Bundesminister des Innern und Bundesminister der Verteidigung, seit 2013 erneut Bundesminister des Innern.

Fitschen, Klaus; Professor Dr., Pfarrer der Evang.-Luth. Kirche in Bayern (beurlaubt), geboren 1961 in Scheeßel (Niedersachsen), Studium der Evangelischen Theologie in Heidelberg, München und Kiel, seit 2002 Lehrstuhl für Neuere und Neueste Kirchengeschichte an der Theologischen Fakultät der Universität Leipzig, seit 2004 Mitglied der Kommission der Evangelischen Arbeitsgemeinschaft für Kirchliche Zeitgeschichte.

Hauschildt, Friedrich; Dr. theol., geboren 1950 in Einfeld/Neumünster, Studium der Evangelischen Theologie in Kiel und Göttingen, seit 2000 Präsident des Lutherischen Kirchenamtes in Hannover, seit 2007 zugleich Vizepräsident im Kirchenamt der EKD.

Koch, Heiner; Bischof, Dr. theol., geboren 1954 in Düsseldorf-Eller, Studium der Katholischen Theologie, Philosophie und Erziehungswissenschaften in Bonn, 1980 Priesterweihe, bis 1983 Kaplan in Kaarst, ab 1984 Hochschulpfarrer und Subsidiar in Düsseldorf, 1989–2006 Rector ecclesiae in Köln, 1993 Ernennung zum Kaplan Seiner Heiligkeit und 1996 zum Päpstlichen Ehrenprälaten, 2006 Ernennung zum Titularbischof Ros Cré und zum Weihbischof von Köln; 2006 Bischofsweihe, 2013 Ernennung zum Bischof von Dresden-Meißen. 2012–2014 Vorsitzender des Diözesan-Caritasverbandes für das Erzbistum Köln e. V. Seit 2014 Vorsitzender der Kommission für Ehe und Familie der Deutschen Bischofskonferenz, Mitglied der Gemeinsamen Konferenz der Deutschen Bischofskonferenz und des Zentralkomitees der deutschen Katholiken. Im Juni 2015 wurde er zum Erzbischof von Berlin und zum Apostolischen Administrator für das Bistum Dresden-Meißen ernannt.

Liedke, Ulf; Professor, Dr. theol. habil., Pfarrer der Ev.-Luth. Landeskirche Sachsens, geboren 1961 in Karl-Marx-Stadt, Studium der Evangelischen Theologie in Leipzig und Wien, seit 1997 Professor für Theologische Ethik und Diakoniewissenschaft an der Evangelischen Hochschule Dresden (FH), seit 2008 Privatdozent an der Theologischen Fakultät der Universität Leipzig, 2002–2014 Mitglied der 25. und 26. Landessynode der Ev.-Luth. Landeskirche Sachsens und hier von 2008–2014 Vorsitzender des Theologischen Ausschusses.

Lindner, Gudrun; geboren 1955 in Wilkau-Haßlau (Sachsen), Ausbildung zur Hotelkauffrau, 2003 Abschluss Fachhochschulstudium Sozialarbeit und Recht, seit 1997 Betreuerin und Geschäftsführende eines Betreuungsvereins, im Ehrenamt: 1990–2009 Mitglied der Ev.-Luth. Landessynode Sachsens, davon zwölf Jahre deren Präsidentin, Mitglied der sächsischen Kirchenleitung und der Synode sowie des Rates der EKD.

Meis, Peter, Dr., Oberlandeskirchenrat, geboren 1953 in Leipzig, Studium der Evangelischen Theologie von 1971 bis 1976 ebenda. Ordination 1978 in Oberseifersdorf im früheren Kirchenbezirk Zittau. Von 1981 bis 1988 Jugendpfarrer für die damals drei Dresdner Kirchenbezirke. Seit 1992 Professor und Rektor an der Fachhochschule für Religionspädagogik und Gemeindediakonie am Evangelisch-Lutherischen Diakonenhaus in Moritzburg. 1994 wurde er an der Theologischen Fakultät an der Leipziger Universität promoviert. Seit 2006 war er Superintendent des Kirchenbezirks Dresden Mitte. 2011 übernahm er im Landeskirchenamt in Nachfolge das Dezernat I für theologische Grundsatzangelegenheiten mit den Aufgabenfeldern u. a. zu Gottesdienstfragen, Ökumene, Weltmission und den Beziehungen zu anderen Kirchen.

Reinelt, Joachim; Bischof em., geboren 1936 in Neurode (Schlesien), 1955–1959 Studium der Katholischen Theologie in Erfurt, 1961 Priesterweihe, Pfarrer in Freiberg und Altenburg, 1986–1988 Caritasdirektor, 1988–2012 Bischof von Dresden-Meißen. Sächsische Verfassungsmedaille (2011), Bundesverdienstkreuz (2012).

Schneider, Nikolaus; Dr. h. c., geboren 1947 in Duisburg, Studium der Evangelischen Theologie in Wuppertal, Göttingen und Münster, Pastor, Diakoniepfarrer und Superintendent, 2003–2013 Präses der Evangelischen Kirche im Rheinland, 2003–2014 Mitglied des Rates der Evangelischen Kirche in Deutschland, 2010–2014 Vorsitzender des Rates der EKD. Dr. theol. h. c. der Kirchlichen Hochschule Wuppertal/Bethel (2011), Ehrendoktorwürde der Theologischen Fakultät der Károli Gárspár Reformierten Universität in Budapest (2013), Träger der Buber-Rosenzweig-Medaille (2012) und des Leo-Baeck Preises des Zentralrats der Juden in Deutschland (2013).

Tillich, Stanislaw; Ministerpräsident des Freistaates Sachsen, geboren 1959 in Neudörfel (Sachsen), katholisch, 1979–1984 Studium an der Technischen Universität Dresden, Diplomingenieur für Konstruktion und Getriebetechnik, Mitglied der ersten frei gewählten Volkskammer der DDR, bis 1999 Mitglied im Europäischen Parlament, danach Sächsischer Staatsminister für Bundes- und Europaangelegenheiten, 2002–2004 Chef der Staatskanzlei, danach Staatsminister für Umwelt und Landwirtschaft, 2007–2008 Staatsminister für Finanzen. Seit dem 28. Mai 2008 Ministerpräsident des Freistaates Sachsen.

Turre, Reinhard; Professor Dr., Pfarrer der Evangelischen Kirche in Mitteldeutschland i. R., geboren 1941 in Mühlhausen (Thüringen), Studium der Evangelischen Theologie in Halle/Saale und Berlin, zuletzt Direktor des Diakonischen Werkes in der Kirchenprovinz Sachsen und Mitglied der Sozialkammer der EKD, seit 2005 Honorarprofessor an der Theologischen Fakultät der Universität Leipzig.

Bildnachweis